ぶらナポ

究極のナポリタンを求めて

食べ歩き評論家
下関マグロ

駒草出版

まえがき

おっさんは突然、ナポリタンを食べたい衝動に襲われる。少なくとも僕はそうだ。フライパンでよく炒められたケチャップの香りがふっと自分の中の食欲を呼び覚ますのだ。

麺はアルデンテなどではなく、ふにゃっとしたタイプの太麺。これが胃袋にわしわしと入っていくのがいい。できればたくさん炒めてほしい。そして、量もたくさんあるといい。で、ここが重要なんだけれど、必ず、タバスコと粉チーズをかけたい。この2アイテムがないのはナポリタンと僕は認めない。このセットがあってこそのナポリタンだ。

突然、ナポリタンが食べたくなると、どうするかといえば、僕の場合は自分でつくることが多い。たぶん、おっさんにとって、子供の頃のご馳走みたいな位置づけにあるのではないかと思う。

お子様ランチの中にちょっとだけ入っていたナポリタン、あれを皿いっぱいに食べたいと思ったのが最初だったかもしれない。皿いっぱいのナポリタンを食べたら、さらにハンバーグが付いていたらいいなって思っていると、それが現実になっていく。

ナポリタンの構成要素は、麺、ケチャップ、タマネギ、ハム、マッシュル

ーム、ピーマンといったところが一般的だ。冷静に考えてみれば、材料費は安いしご馳走感みたいなものには欠けるし、めちゃくちゃおいしいものではないかもしれない。

しかし、時々無性に食べたくなるのはなぜなのだろうか。おいしいと思うのは自分の中にある幻想なのか。よくよく考えてみるとちょっと不思議な感じがする。

さほどおいしいわけでもないナポリタンが、おじさんにとってのある意味ソウルフードになっているのは、ひとつはバブル期に訪れた喪失感であろう。

おじさん世代は薄々おかしいと思いながらも、ナポリタンがイタリア料理だと思っていた。ところが、本場のイタリアンがバブル前後に続々と日本に上陸。そこにはナポリタンはなかった。ナポリタンは偽物の料理だという風潮が起こり、ナポリタンを出す店も少なくなり、風前の灯火《ともしび》になった時代がある。

それまで巷《ちまた》に溢れ、どこにでもあったナポリタンが無くなりそうになり、たぶんおじさん世代は初めて気づいた。これこそ、自分たちのソウルフードなのだと。

そして2000年代半ばになってから、郷愁とともにナポリタンに戻ってきたんだけど、昨今のナポリタンはおじさんの郷愁だけのものではなくなりつつある。平成から令和になり、もっと多様なファンに支えられている。

考えてみればナポリタンほど、時代とともにそのスタンスを変えてきたも

のはないだろう。

　というわけで、僕はこの本のオファーをいただいてからというもの、1日1食はナポリタンを食べる「1日1ナポ」というかんじで、ぶらりナポ行脚《あんぎゃ》に出かけた。それは僕にとっての「究極のナポリタン」を探すことでもあった。

　とはいえ、散歩ライターでもある僕の信念として、歩いて行ける範囲のナポリタンから究極を探そうと思った。または、仕事や何かのついでで行った先でナポリタンを探すということをおこなった。

　第1章では、ナポリタンを食べ歩いて50年になる僕の中でも選りすぐりの、何度でも食べに行きたいお気に入りの店をピックアップして「極私的」ランキングとしてまとめてみた。

　第2章では、「ぶらり下町ナポリタン」と題し、主に僕の住んでいる台東区入谷をメインにぶらり散歩をしながら発見した個性的すぎるナポリタン、人情味あふれるお店なんかを書いている。ナポリタンを食べ歩くというのは、昭和の残り香《が》を探す旅でもあるのだ。

　第3章では、戦後進駐軍が日本にもたらしたとされるケチャップ味ナポリタンの発祥から現在のナポブームに至るまでを、僕の自分史と重ねながら書いてみた。

第4章では、自宅で本当においしいナポリタンをつくるにはどうしたらいいか、どんな材料を使ったらいいのか、僕の研究成果を公開している。

第5章では、コンビニ各社（セブン-イレブン、ローソン、ファミリーマート、ミニストップ、デイリーヤマザキ、セイコーマート）から発売されているナポリタンを買い集め、食べ比べてみた記録だ。どこも似たり寄ったりかと思いきや、各社各様。味もコンセプトも全然違っているのだ。コンビニナポリタンの意外な醍醐味を感じ取っていただけたらと思う。

本書では、僕がこれまで食べ歩いたお店を数多く取り上げているが、特定のお店のナポリタンをオススメするという趣旨ではない。あなたの身近にあるナポリタンに、目を向けるきっかけになっていただけたら本望だ。

下関マグロ

おことわり

本書に記載されているナポリタンの価格は2019年11月時点での税込表記になっています。また、一部のお店については取材時点での消費税改定前(2019年10月以前)の価格表記となっており、現在は価格が変わっている可能性やお店自体が閉店している可能性があることをあらかじめご了承ください。なお、第5章のコンビニナポリタンの価格についてのみ、税別表記となっています。

ぶらナポ　究極のナポリタンを求めて

第2章 散歩がてら見つけた個性的すぎるお店 ぶらり下町ナポリタン

第3章

いかにして日本人のソウルフードになったのか　激動の〝日本ナポリタン史〟

第４章 本当においしいナポリタンをつくってみる

第5章

コンビニナポリタン全種類食べ比べてみた

第１章

何度でも食べに行きたい名店!!

下関マグロの極私的ナポリタンランキング

ナポリタンを研究して50年になるが、お気に入りの店というのは実は一定ではない。去年、60歳になった自分の中のランキングは常に上下している。

現在の僕の中での、お気に入りの店のランキングをつくってみた。

ピックアップの条件は執筆時点で営業しているお店とし、すでに閉店してしまった店は省いた。

ランキングには一つだけ横浜のお店が入っているけれど、それ以外はすべては東京のお店だ。理由は、それが僕の行動範囲だから、である。あくまで「極私的」ランキングなので、自分の年齢や住んでいる場所にもかなり左右されている。

また、東京でも比較的東側、それも下町と言われているエリアが多くランクインしているのは、僕が台東区に住んでいるからということが理由でもある。ただし僕は1980年代から2014年までは杉並区、中野区など東京の西側に住んでいた。しかし、ナポリタンはその当時も、東京の東側まで行って食べていた。おいしいナポリタンがいただけるのは昔ながらの洋食店、喫茶店が多く、下町には今もそんな古き良き店がいくつも残っているからだと思う。

採点基準は単に味だけではなく、お店の雰囲気や接客、発想の面白さなども考慮し、「また食べに行きたいと思う店かどうか」が大きい。これはナポリタンに限らず、僕が飲食店を判断する場合に重要視しているポイントだ。

14ページからは順不同でそれぞれのお店を解説してみよう。

大手町「リトル小岩井」では、客の多くが「油少なめ」をコールしていた

下関マグロの極私的ナポリタンランキング

順位	店名	所在地	寸評
1位	SUN《サン》	入谷	新しいけれど、どこか懐かしい味。喫茶店ナポの最高峰だと思う
2位	カルボ	浅草	ロメスパ系でいちばん好き。我が家から近くなのもグッド
3位	はと屋	新橋	人生でいちばんナポを食べた店。デミグラス系の最上位
4位	センターグリル	桜木町	ケチャップ系ナポ発祥の店。近所なら通いたい店だ
5位	ジャポネ	有楽町	ロメスパ系で衝撃を受けたお店。小松菜入りのナポがグッド
6位	水口食堂	浅草	居酒屋系で呑みの〆にナポを食べられる。どこか懐かしい味
7位	ポンヌフ	新橋	濃厚系の喫茶店ナポ。ハンバーグとのコンビネーションが◎
8位	むさしや	新橋	こってり系でけっこうな量だが、おいしくていけちゃう
9位	Cafe 1869 by MARUZEN	丸の内	書店の一角にあるカフェでいただくナポは麺がおいしい！
10位	スパゲッティーのパンチョ	全国19店舗(チェーン店)	東京のナポリタン中興の祖。理想に近いナポを提供している
11位	リトル小岩井	大手町	サラリーマンランチとしてのナポの原点的お店。ロメスパの元祖
12位	たいめいけん	日本橋	洋食系のナポではけっこう好き！行列必至なのがちょっと残念
13位	煉瓦亭《れんがてい》	銀座	ナポリタンの発祥はこのお店説もあり。どこか哀愁漂う旨さ
14位	ケルン	虎ノ門	ウィンナーのたっぷり入ったナポは個性的。ライスと合わせても◎
15位	関谷スパゲティ	中目黒	新しいタイプの焼きスパゲティを堪能できるお店。行列必至
16位	プランタン	五反田	ナポのてっぺんに目玉焼きがのっている。どこか懐かしい味
17位	さぼうる2《ツー》	神保町	喫茶店ナポの基本形ともいえる。山のように盛られている姿がいい
18位	キッチンマロ	千駄木	町の洋食屋さんとしてのペーソスを感じる。のれんをくぐりたくなるね
19位	丘《おか》	御徒町	昔ながらの喫茶店ナポがいただける。店の雰囲気も同時に味わいたい
20位	ニューダイカマ	南千住	高齢のきりりとしたシェフがつくるナポは洋食系であり、面白系
21位	王城《おうじょう》	上野	店の雰囲気とともに味わいたいナポ。教科書的なナポがいただける
22位	ヨシカミ	浅草	洋食屋さんのナポはどこも個性的だが、この店も唯一無二。旨いよ
23位	ベルモント	四谷	以前は四谷に住んでいてよく通った。オーソドックスな旨さ

3位 はと屋

たぶん、これまでいちばん多くナポリタンを食べたのはこのお店だ。

1980年代の半ばから僕は、『とらばーゆ』『週刊就職情報』という雑誌に原稿を書いていた。その編集部は、かつて新橋駅前ビル近くの雑居ビルにあった。当時はリクルートではなく、リクルート情報出版という会社だった。編集部が銀座のリクルートの本社ビルに移るのはその少し後だ。今と違うのは、原稿は原稿用紙に手書きだった。そして、ファックスが一般的になるまで、手書きの原稿を編集部に持参していたのだ。

持って行った原稿を編集者に渡す。編集者は目の前で原稿をじっくり読む。この時間がどうにも苦手だった。胃がキリキリするような時間だ。読み終わった編集者が「お疲れさま」と原稿を引き取るとオーケーだが、ダメなときは手直しを命じられる。そういう場合はライター用の机で原稿を書き直した。シャープペンシルで書いた原稿を消しゴムで消しては書き直し、再び編集者に見せる。それでオーケーが出れば終了だが、また直しが入ることもあった。

そんな緊張の時間が終わり、ホッとしたときに向かったのが「はと屋」だった。

まだ、「食べログ」などない時代、というかインターネットそのものに触れるのはもっと後の時代だった。だからこの店にたどり着くまでいろいろな店へ行ったことを思い出す。

こちらのお店、入る前から「ここはいいぞっ」と思った。たたずまいがよ

暖簾のかかった町の洋食屋さん。暖簾の向こう側に旨いナポリタンがあるのだ

Access

東京都中央区銀座8-5 銀座ナイン2号館B1F
JR新橋駅から徒歩3分
【ハンバーグナポリタンセット　1000円】

い。のれんのかかった昔ながらの洋食店で、入り口には食品サンプルが置かれていた。カウンターだけの店で、料理人が料理をしている姿を見るだけでも飽きない。何度か通い、いろいろなメニューを食べた。

僕は揚げ物好きだったので、まずはいろいろな揚げ物系の定食を食べていたが、行き着いたのが「ハンバーグナポリタンセット」。キャベツの千切りやちょっとだけご飯が付いているのが素敵だ。ご飯は小さなカップに入れてひっくり返して皿に盛られている。なにより、みっしりと肉々しいハンバーグがおいしい。このハンバーグでわしわしとナポリタンをかきこみ、時にライスや味噌汁をいただく。

こちらのナポリタンは赤くなく茶色い。それはデミグラスソースが入っているからだ。そのため、デミグラスソースがたっぷりかかったハンバーグと相性がいい。20代から30代にかけての僕はハンバーグナポリタンセットの「ナポリタン大盛り」でいただいた。

その後、リクルートの仕事は減っていき、2000年ぐらいにはほとんど行くことはなかったのだが、2002年、『週刊SPA!』(扶桑社)のナポリタン特集にて僕が取材された際、こちらのお店を僕がいちばん好きなナポリタンのお店として紹介させてもらった。その後、2016年にTBS『有吉ジャポン』の【大行列! 大人気! 謎の新橋〝リーマンパスタ〟】の回に出演したときも、同店を紹介させていただいた。

少し前まで、僕にとって「はと屋」のナポリタンがナンバーワンだったが、還暦を迎えた今、普通サイズを全部食べるのもやっとこさといったところだ。人は年を取るにつれ、食が細くなるんだということを感じるねぇ。

ナポリタンにハンバーグ、千切りキャベツにちょっとだけのご飯。これに味噌汁が付いて完璧なセットとなる

8位 むさしや

1980年代の半ば、新橋についても割とわかってきた頃で、原稿を届けたあとで新橋の街をよく歩いた。駅前のニュー新橋ビルは面白くて、ビル内を歩き回った。

1階にある「むさしや」さんは当時からあった。お店といっても屋台風でカウンターだけのお店だった。今は「創業明治拾八年」と看板にある、かなりの老舗だ。今はもうやっていないけれど、当時は焼きそばを提供していて、ソースを炒める香りに誘われて列に並んだ記憶がある。焼きそばもナポリタンも炒め料理ということで同じ系統なのかも。

2019年6月、61歳の誕生日に食べに行ってみた。相変わらずサラリーマンたちが並んでいる。驚いたのはオムライスを注文する客が以前来たときよりも多くなっていることだ。

8席あるカウンターだけのお店だが、並んでいるときに注文を聞かれる。客がオーダーするほとんどがオムライス、またはオムライスの中のご飯がケチャップライスではなく、ドライカレーのものだった。ナポリタンをコールする者は誰もいない。急に不安になってきたところに注文を聞かれたので、思わずオムライスとコールしてしまった。ライター失格だ。

とはいえ、発見もあった。オムライスには大量のナポリタンが付け合わせで出てくるのだ。オムライスが皿の2分の1を占め、ナポリタンが4分の1、千切りキャベツが4分の1。この千切りキャベツがいい仕事をするんだね。

ニュー新橋ビルの1階には「むさしや」2階には「うみねこ」とナポリタンの名店があるのがうれしい

Access
東京都港区新橋2-16-1 ニュー新橋ビル1F
JR新橋駅から徒歩1分
【ナポリタン　700円】
【オムライス　800円】

さて、付け合わせのナポリタンをいただいてみると、あー、昔食べた単品のナポリタンとは違う。強く主張しないナポリタン。あくまで主役はオムライスというスタンスだ。ちなみにこのオムライス、バツグンに旨い。バターの香る玉子によく炒められたチキンライス。人気ナンバーワンなのがわかるね。ただ、タバスコはテーブルにあって自由にかけられるが、粉チーズはスパゲティを注文した人のみに提供されるのだ。

２０１９年7月、再び食べに行く。13時過ぎ、並んでいる客は9名。この日も人気はオムライスだけれど、ナポリタンを注文する人もちらほらいた。並んでいる右側に壁があるのだけれど、そこには雑誌で紹介された記事などに混ざって、昭和40年代のメニューというのがあった。ナポリタンは当時１７０円。今は７００円だ。

この店は席が空くと、店員さんが「ナポリタンの方、おまたせしました」と声をかける。行列の先頭の人は空いた席へ向かう。多くの場合、着席と同時に注文した料理が提供され、代金は料理と交換だ。一気に３つ席が空いた。おっと、そろそろ自分の番だ。

僕が着席したときはまだ僕のナポリタンはフライパンで炒められていた。ちょうど僕の席からナポリタンを炒める様子が見えた。ほどなく着皿。

一口いただくと、ああ、やっぱりおいしいなぁ。ボリュームはすごいけど最後まで食べられると確信。タバスコと粉チーズをかけていただく。あっという間に完食した。２０１５年にいただいたときよりもまろやかになった感じがするのだが、帰りの電車内で以前食べたナポリタンと今回いただいたナポリタンの画像を見比べてみたけれど、まったく同じだった。

「むさしや」のナポリタンは単品とオムライスの付け合わせがあり、違うものだ。どちらも旨いからいつも迷うね

7位 ポンヌフ

新橋駅によく通っていた80年代、僕がいつも向かうのは新橋駅前ビルの地下1階にあった喫茶店だった。今はもうないけれど、その喫茶店のウエイトレスはみんなミニスカートだった。といってもお色気を売りにいるような店ではなく、ごく普通の喫茶店でコーヒーの値段も普通だった。

ここで僕は煙草を吸い、コーヒーを飲みながら原稿を書いた。当時は、原稿は「ぺら」と言われた1枚２００字詰めのもので、各編集部に専用の原稿用紙があった。『とらばーゆ』というロゴの入った原稿用紙に文字を書き、出来上がったら、編集部へ持っていった。

前述したようにOKならそのまま原稿を引き取られ、だめなら編集部で書き直した。『とらばーゆ』の原稿を提出したあとで、こちらで遅いランチをいただくことがあった。

２０１４年くらいだろうか、テレビに「ポンヌフ」のナポリタンが取り上げられているのを何度か見た。あの店、昔行ったことがあるなぁと思いながら見ていた。そして、突発的にナポリタンが食べたくなり、新橋へ向かった。地下鉄の新橋駅から新橋駅前ビルに向かう道も懐かしく感じる。

こちらでいただいたのが「ハンバーグスパゲティ」というメニュー。ここでいうスパゲティとは問答無用でナポリタンのことなのだ。昔は、スパゲティ＝ナポリタンという店が多かった。ここのハンバーグスパゲティを、昔は「ハンスパ　大盛りで」と注文してい

新橋駅前ビル１号館の１階の通路を歩けば、ケチャップの香りが漂ってくる

Access

東京都港区新橋2-20-15 新橋駅前ビル1号館1F
JR新橋駅から徒歩1分
【ハンバーグスパゲティ　850円】

た気がする。今は大盛りどころか、普通でも食べられるかどうか心配だが。

ここのハンバーグはまさに「昔ながらの」で、子供の頃に母親がつくってくれた味によく似ている。タマネギがシャリシャリするかんじがいい。

ナポリタンは、一口目はけっこう甘さを感じる。見た目ほどケチャップ味は強くはない。いや、人によっては強いと感じるかもしれないけれど、「むさしや」さんよりマイルドだ。まさにタバスコ、粉チーズのコンビが合うタイプ。麺は昔ながらの茹で置きタイプ。やわやわ感がケチャップに合うねぇ。量は「むさしや」さんほどではないけれど、けっこうある。銀のお皿もなんだか懐かしいね。

基本的に喫茶店なので、飲み物を注文してまったりしているお客さんもいて回転はさほど早くないけど、並ぶ価値はあるね。

ハンバーグとナポリタンの組み合わせは最強だと思わせるポンヌフ

店頭にある食品サンプルもどこか懐かしく、見ているだけでワクワクするね

17位

さぼうる2《ツー》

80年代は、今では考えられないほど喫茶店を利用していた。その利用方法もさまざまで、原稿を書いたり打ち合わせをしたりするのはもちろんだが、電話をかけるために喫茶店に入ることもあった。携帯電話などまだない時代だ。

店に電話がかかってくることもあり、喫茶店の人が「お客様の中にマグロさんはいらっしゃいますか？」と恥ずかしい呼び出しをされたりした。出てみると、待ち合わせ相手が「今起きたところだから、急いで向かう」というものだったりしたものだ。このようにぽっかり時間が空いてしまっても喫茶店ではけっこう時間が潰せた。スポーツ新聞、週刊誌、漫画雑誌などが充実していたからだ。

喫茶店のナポリタンといえば、真っ先に思い浮かべるのは神保町「さぼうる2」だ。地下鉄の神保町駅A7出口を上がると「さぼうる」と「さぼうる2」が並んでいる。喫茶専門が「さぼうる」で、食事ができるのは「さぼうる2」だ。『All About』というサイトで【昭和の喫茶店を歩く　神保町～神楽坂散歩】という記事を書くために久しぶりに「さぼうる2」に行ってみると、お昼のピークは過ぎているにもかかわらず行列ができていた。

行列はほどなく進み、店の中へ。お客さんのナポリタン率は高い。コーヒーとのセットもあるし、単品もある。ナポリタンは小さめの皿に山盛りになっている。さながら、赤富士だ。それにサラダがちょっと付いている。

ランチ時は行列ができる「さぼうる2」。行列には若い女性の姿もある。人気はやはりナポリタンだ

Access
東京都千代田区神田神保町1-11
東京メトロ神保町駅から徒歩1分
【ナポリタン（サラダ付）　750円】

まずは、山頂にタバスコと粉チーズをかけてみる。まるで冠雪した富士山に見える。具材はベーコン、ソーセージ、タマネギ、マッシュルームとけっこう具だくさん。山頂から崩れないように慎重にいただく。

この富士山盛り、厨房から客のテーブルまで運んでも崩れないように盛り付けるには、かなりの技術が必要ではないかと思われる。旨かった。

数日後、こちらのナポリタンが再び食べたくなってうかがった。そしたら、隣の大学生っぽい男性がナポリタンの大盛りを注文していた。やってきたのは、もはやかき氷の盛り付けのようなチョモランマ盛りでびっくりした。でも、あっという間に完食。若いっていいね。

郷愁を誘うダイヤル式の赤電話が健在

皿にこんもり盛られたナポリタンの山にフォークを入れるワクワク感！

19位
丘《おか》

2014年、僕は新宿区から台東区に引っ越した。もともと散歩記事を書くために上野や浅草などをよく訪れていたのだけれど、住むとなるとまた別な景色が見えてくる。引っ越してすぐの頃は上野のアメ横あたりをよく散歩した。それで見つけたのがこちらの喫茶店だ。

建物の壁面に「珈琲」「ＯＫＡ」「丘」の文字が浮き出ている感じになっている。袖看板は2つあり、「純喫茶　丘」とある。最初はどこが入り口かわからないので建物をひと回りした。地下へ下りる階段があって、そこが入り口だとわかる。なんだか魔界に吸い込まれていくような感覚。でも大丈夫だ、荘厳なシャンデリアやステンドグラスが迎えてくれる。

薄暗い店内には、昔の喫茶店によくあった小さなテーブル、低いソファー。尻が接する部分が山型になっている。懐かしい。その懐かしさの分だけくたびれている。

メニュー表は手書きのものをコピーしている。それをパウチ加工していて、これがけっこう昔ながらの喫茶店の雰囲気を醸し出している。

スパゲティのメニューは2種類。ナポリタンとミートソースだ。もちろんナポリタンを注文。具材はハム、タマネギ、ピーマン。ケチャップ味は、しつこくはなく、軽やか。いっしょに粉チーズとタバスコも提供される。

内装の面白さもあり、その後、何度か足を運び、いろいろなメニューを試してみたが、どれもおいしく懐かしい

地下に下りていく階段は禁断の世界への入り口のようだ

壁から文字が浮き出るタイプの看板、その書体も懐かしい

Access
東京都台東区上野6-5-3尾中ビルB1F
JR御徒町駅から徒歩2分
【ナポリタン　700円】

味だ。ハズレはなかった。

ある日、行ってみるとほぼ満席。しかも若い女の子の客ばかりだ。やっと見つけた奥の席に座る。注文を取りに来たフロアの男性に「どうしちゃったの？」と聞けば、「なんでもインスタグラムっていうのですか、それに載ったらしくて」と嬉しそう。いやぁ、そんなことがあるんだね。

新しく来た若い女性客がナポリタンを注文している。「すみません、売り切れちゃったんですよ」とフロアの男性。なるほど、よく見ると他の女性客も皆ナポリタンを食べている。若い世代にはもはや、喫茶店のナポリタンは「インスタ映え」なんだね。

しばらくして行ってみると、インスタ騒ぎはほんの一瞬でおさまり、またいつもの店に戻っていた。

さて、こちらに限らず喫茶店で苦手なのは煙草だ。50歳まで僕もさんざん人に迷惑をかけながら煙草を吸ってきた。50歳で煙草をやめた頃は他人の煙はさほど気にならなかったが、60歳になるとどうにも苦手になった。とくに肺炎を患《わずら》ってからは、煙草の煙には敏感で咳込むこともある。

ただこちらの「丘」は空間が広いのでまだマシだ。この近所にある「ギャラン」という喫茶店はかなりきつかった。若いサラリーマンたちのグループがほとんどで彼らは全員が喫煙者、さながら喫煙ルールのような感じだった。喫煙者には天国な喫茶店だろうが。

『有吉ジャポン』の【大行列！　大人気！　謎の新橋〝リーマンパスタ〟】という番組の打ち合わせも「丘」でやってもらった。僕は打ち合わせでもこの店を使うことが多い。たいていの人たちはこの喫茶店のたたずまいに驚くのだ。

ケチャップが前面にくるオーソドックスなナポリタンには粉チーズとタバスコをたっぷりかけていただきたいところだ

21位 王城《おうじょう》

「王城」は昔何度か来たことがある。上野系の喫茶店ってこんな感じなんだとしみじみ内装を見たのを記憶している。それは「丘」もそうだけれど、荘厳なシャンデリアやステンドグラスのことだ。それぞれの店の顔と言ってもいいシャンデリアが中央にあるのが上野系喫茶店の特徴だろう。こちらの創業は昭和50（1975）年だそう。

最初にうかがったのは昭和60年代。『ビッグトゥモロー』という雑誌でデータマンをやっていた頃だ。データマンというのは取材記者のことで、取材した相手の話をそのまま原稿用紙に書いてデスク（編集者）に渡す。デスクはデータマンから上がってきた原稿をアンカーマンに渡す。実際に紙面になる原稿を書くのはアンカーマンだ。僕はこのデータマンの仕事を気に入っていた。紙面になる文章を考える必要がないので、気が楽だった。

『ビッグトゥモロー』を発行しているのは青春出版社だった。今なら都営大江戸線の若松河田町駅があるが、当時は陸の孤島のような場所だった。新宿駅からバスで編集部に向かった。

まず最初に打ち合わせがあり、データマンが集められる。編集者は次回のテーマを簡単に書いたレジュメを配り、こういったビジネス評論家を取材しろと指示を出す。帰りに書店に寄って関連本などを購入し、帰宅すると、マスコミ電話帳からビジネス評論家の電話番号を探して電話する。

『ビッグトゥモロー』の取材だと申し上げると、よほどのことがない限り断

これぞ喫茶店というたたずまいの「王城」。全席で喫煙可能というのも昭和そのものだ

Access
東京都台東区上野6-8-15
JR上野駅から徒歩4分
【ナポリタン　850円（ドリンク付1000円）】

られることはなかった。日時と取材場所を指定される。ほとんどのビジネス評論家の方はオフィスではなくどこかの喫茶店を指定してくるのだが、上野界隈ではこの「王城」が多かった。

ちなみにいちばん多く指定された喫茶店は、新宿の「談話室　滝沢《たきざわ》」だった。コーヒー1杯1000円もしたが、落ち着いた雰囲気で取材しやすい喫茶店だった。残念ながら閉店してしまったが、この「談話室　滝沢」は自分ひとりで入ることはなく、あくまで取材や打ち合わせ専用の喫茶店だった。

そういったことは明確に分かれていて、この「王城」も僕にとっては自分ひとりで入る喫茶店ではなく、取材や打ち合わせの場所としての喫茶店だった。だからコーヒーは飲んだけれど、ナポリタンを食べた記憶はなかった。

2015年4月、そんな「王城」にひとりでやってきた。『All About』で【うまいナポリタンが食べたい！上野・御徒町を食べ歩く】という記事を書くためだ。

こちらのナポリタンはまさに喫茶店ナポリタンの王道といった感じだ。麺はもちろん茹で置きのもっちりとした太麺。具材のベーコン、ピーマン、タマネギなどは大きめに切られていて、食べごたえがある。ソースはケチャップベースだけれど、自家製のブレンドがなされているようで、懐かしさを感じさせつつもここでしか食べられない個性的な味わいも併せ持っている。ナポリタンとしてはかなりの旨さだと思う。

上野系喫茶店のナポリタンはその味だけでなく、調度品を眺めながらいただくというポイントを加味してもいいのではないかと思う。

もちもちした麺がおいしい。ケチャップ味でよく炒められたナポリタンはどこか懐かしい昭和の味だね

23位 ベルモント

3位に挙げた「はと屋」のところで、2002年に雑誌『SPA!』のナポリタン特集で取材されたと書いた。僕がなぜ取材されることになったのかというと、『スタジオ・ボイス』という雑誌の連載で、1か月間毎日ナポリタンを食べる、という企画をやったからだ。「ベルモント」もその時に訪問している。

四ツ谷駅からすぐ、新宿通り沿いに店はある。1階に看板があって、店は2階にある。2階までの階段は普通の雑居ビルで、それを上がった先に昔ながらの喫茶店風の小さな扉がある。一度行ったら、その居心地のよさや料理の旨さで、たまに通う店となった。当時、独身でほとんど外食ですませていた僕の店リストのひとつだ。

喫茶店なのに焼き魚の定食などもあったりして、メニューが豊富。どこか落ち着く家庭的な店だ。もちろんナポリタンもある。キャベツの千切りが添えられてボリュームたっぷりのナポリタンだ。

2019年7月、久しぶりに訪問してみた。入口など当時となにひとつ変わっていないことに驚いた。僕はひとりで窓際の4人掛けの席についた。窓の下は新宿通りだ。この景色も昔と変わらない。

メニューに書かれたナポリタンに気になる一文があった。「小エビからハムに変更しました」とあるではないか。昔の画像を見返してもよく思い出せないが、小エビが入ってたんだっけ。女将さんがこまめにお水をコップに注い

JR四ツ谷駅から歩いてすぐのビルの2階にある喫茶店。食事メニューが豊富で、昼どきはナポ率高し！

Access
東京都新宿区四谷1-9-3 新盛ビル 2F
JR四ツ谷駅から徒歩3分
【ナポリタン　720円】

でくれる。久しぶりにお顔を見たが、お元気そうだ。

さて、ナポリタンが着皿。よく炒められている。タバスコと粉チーズをかけていただこう。ところどころ具材や麺に焦げがある。かなりポイント高いぞ。いやぁ、やはりおいしいねぇ。

食べている途中で、後から来た中年の男性がナポリタンと瓶ビールを注文

小エビからハムに変更したのはいつからなのか…。隣のスパゲティ・カレーというメニューも気になるね

している。スーパードライの中瓶のようだ。いいねぇ。

食べ終えてお会計のときに「20年くらい前にこの近くに住んでいて、たまにこちらに来ていたのですが、昔と変わらず感激しました」と言うと、女将さんは「そうね、うちは40年くらいやっているから、そういうお客さん多いのよ。久しぶりに来て、まだやってるぅなんてね」。

前から気になっていた店名について質問した。

「ベルモントって、変わった店名ですね。どうしてこんな名前に？」

それには、女将さんよりも若い男性店員が答えてくれた。

「最初は『デルモンテ』という名前だったんですが、それが大人の事情で使えないっていうことで、それに近い『ベルモント』になったんです」とのこと。いやぁ、聞いてみるもんだね。

しっかり炒められていて香ばしいナポリタン。焦げがあるのがうれしい。また、キャベツの千切りもグッドだ

16位 プランタン

こちらのお店、喫茶店のナポリタン好きには高い評価を得ているし、メディアでもよく取り上げられる有名店にもかかわらず、僕はまだ訪問していなかった店だ。うかがったのは２０１８年４月、午後１時過ぎ。

店舗はまさに昭和の喫茶店というたたずまいだ。「プランタン」とはフランス語で「春」という意味だ。１９７７（昭和52）年創業だそう。僕が大学受験に失敗し、浪人していた時期だ。まさにあの時代はあちらこちらに喫茶店が開業した。

店内に入ると、昭和の雰囲気にあふれる椅子やテーブルがある。フロアの女性に２人掛けのテーブルを案内され、着席。ナポリタンをお願いする。

ちらりと見えるキッチンはフロアの女性のダンナさんなのか、調理に取り掛かってくれる。フライパンを何度も振っているようで、ジュージューと音が聞こえる。かなり炒めているようだ。

７分ほどで味噌汁とともにナポリタンが提供された。こんもりとした山の頂上に目玉焼きがのっている。麺がテカテカとケチャップ色に輝いているのが美しい。神保町の「さぼうる２」のナポリタンのように富士山盛りだが、この山頂に半熟の目玉焼きだ。出されれば、さてどう攻略しようかと考えるのも楽しい。黄身の部分からフォークを突き刺し、ナポリタンをくるくるからめてもいい。白身部分から切り取りながらでもいいし、山麓から少しずつ崩すのもありだ。崩れてしまうかもしれないとドキドキするけれど、意外に

椅子やテーブルなど空間そのものが昭和を感じさせる喫茶店。当然ながらナポリタンもザ・昭和！

Access
東京都品川区東五反田1-24-1
JR五反田駅から徒歩3分
【スパゲティナポリタン（目玉焼付）　700円】

も粘度は高く崩れない。

いただいてみると、茹で置きされたもちもちの太麺、しっかりコシのあるタイプだ。ケチャップ多めで味は濃いめ、後味に甘味を感じる。半熟の目玉焼きを崩せば、味の濃さが中和されちょうどいいかんじだ。具材はハム、タマネギ、ピーマン。喫茶店系のナポリタン好きの人にとってかなり評価が高いのもうなずける。

最初見たときは完食できるかどうか不安だったが、あっという間に完食。僕が食べ終わる頃に続々とお客さんが入ってきた。近隣のＯＬさんたちなどだ。「ここ、ナポリタンがおいしいんだっけ」などと会話をしている。なんだか気分良く「ナポリタン、おいしかったですよ」とその人たちに話し、お会計をした。７００円、これはかなりコスパがいい感じだ。

喫茶店ナポの最高峰という声も多い。こちらのナポリタンは、もちもちの麺に濃厚系の味付け。てっぺんにのせられた半熟の目玉焼きとベストマッチ！

6位 水口食堂

これまで喫茶店や洋食屋のナポリタンを食べてきたのだけれど、浅草エリアでは食堂や居酒屋にもナポリタンがあった。酒を呑んだ後の〆にナポリタンというのもあるんだねぇ。ベロンベロンでいただくナポリタンはほとんどの場合、その味を覚えていないことが多いのが難点だが。

とはいえ、そんな居酒屋系ナポリタンの中でも僕がいま気に入っているのは、浅草六区にある「水口食堂」だ。創業が1950（昭和25）年という老舗の食堂で、平日は午前10時、土日は午前9時にオープン。朝から呑んでいる客も多い。入り口には食品サンプルがズラリと並んでいて、そのなかにナポリタンもある。

こちらのお店の名物メニューは「いり豚」だ。肉とタマネギを炒めたシンプルなもので、オリジナルソース（おそらくケチャップとウスターソースとカレー粉）で味付けられている。これでビールを飲むといいかんじだ。浅草界隈では「炒り豚」といった名前で似たメニューを出す店もある。家庭でも簡単に出来そうなので何度かチャレンジしているのだけれど、濃厚な味わいを出すのは難しい。

ところで、蕎麦屋で「ぬき」というメニューをご存じだろうか。「天ぬき」といえば、天ぷらそばのそばを抜いたものだ。酒をちびちび呑みながら汁《つゆ》に浸った天ぷらをいただく。昔の粋な大人がやっていたのだが、今でも頼めばやってくれるところは多い。ちなみにたいていの店が「ぬき」であっても値

まさに下町の食堂というかんじの「水口食堂」、メニューがめちゃくちゃ多く、だいたいなんでもある

Access
東京都台東区浅草2-4-9
つくばエクスプレス浅草駅から徒歩1分
【昔ながらのナポリタン　800円】

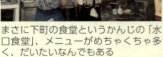

段は同じ。つまり、天ぬきも天ぷらそばも同じ値段だ。

ナポリタンの「ぬき」とも言えるものが「いり豚」なのである。そのため、この店にナポリタンがあるのは知っていたが、なかなか食べるまではいかなかったのは、この「いり豚」で満足してしまっていたからだろう。いや、食べているけれどベロンベロンで記憶に残っていないだけなのかもしれないが。

これではいけない。本書を書くためにもぜひ、ナポリタンをちゃんといただこう。というわけで、日曜日の昼過ぎにふらりと出かけてみた。

人気メニュー「いり豚」580円は独特な味わい

普通なら〆にいただくのかもしれないけれど、いきなり「ビールとナポリタン」と注文。「あ、それからポテトサラダも」と追加。これで完璧な気がした。すぐにビールとポテトサラダが到着。ここのポテトサラダは何気ないけどおいしいんだよね。いり豚同様に、真似しようと思ってもなかなか再現できない味だ。

テーブルには粉チーズとタバスコが置かれ、ほどなくナポリタンが到着。かなりの太麺だ。具材よりも麺が上に見えていて、ピーマン、タマネギ、マッシュルーム、ハムといった具材はほとんど麺の下。具材の量は少なめ、ケチャップ多めのやや汁気のあるナポリタン。いり豚の味付けとはちょっと違っていて、カレー風味のスパイシーさはなく、ライトなケチャップ味だ。ビールを飲みながらだとちょうどいいかんじだね。

モチモチの麺に汁気多めのソースで、どんどん食べられちゃう。呑みの〆でもいいし、つまみにもなる食堂系ナポリタン!

10位 スパゲッティーのパンチョ

ロメスパの有名チェーン「パンチョ」。現在は極私的ランキング10位だけれど、自分の中でこの店が1位の時代があった。それまでネットの情報で知ってはいたけれど、初めて食べたときには衝撃が走った。これこそ自分が求めていた理想のナポリタンだと思ったものだ。茹で置きの太麺、よく焼かれた麺や具材、たっぷりのケチャップ味。一度行ったら虜《とりこ》になってしまい、また足を運んでしまうのだ。

２００９年に渋谷で創業した「パンチョ」は、いまでは都内にいくつか支店があるが、その2号店が僕がうかがったＪＲ御徒町駅前にあるお店。店は地下にあるのだけれど、路上にはケチャップを炒めるいい香りが漂っている。路上に出された写真入りのメニューによれば、一番人気は「ナポリタン目玉焼き」だそうだ。

階段を下りて行くと、階段沿いに行列ができている。行列が進むと券売機と、その隣に小盛り３００グラム、中盛り４００グラム、大盛り６００グラムのサンプルがある。どのサイズでも同料金なのだ。これは大食いの人には嬉しいね。たぶんパンチョが成功したひとつには、この3種類が同一料金だというところにあると思う。

僕としては、並盛りだと少し多い気がするし、小盛りだと少し物足りない。まあ同一料金だから並盛りにしておこうかと思った。そういうことに悩むというのも楽しい。

御徒町店はカウンター席とテーブル席がある。女性客もちらほらいるけれ

ナポリタン熱に再び火をつけてくれたパンチョは本当においしくて、おなかいっぱいになるね

Access
（御徒町店）
東京都台東区上野5-26-8 ロイヤルビル地下1F
JR御徒町駅から徒歩1分
【ナポリタン　720円】
【ナポリタン目玉焼き　800円】
※全国に19店舗チェーン店

ど、だいたいが近隣のサラリーマンの方々。そして、多くの人が大盛りを食べている。隣に座った男性は500グラムと注文していた。並盛りと大盛りの間だ。そういう注文の仕方もあるのか。

というわけで、出てきた「ナポリタン目玉焼き」をひとくち食べてみて、旨いと感じた。これなら大盛りもいけるんじゃないかと思ったが食べ進むと意外にヘビーで、3分の2を食べたあたりで、ずどんと胃袋にくる。なんとか完食。お腹いっぱいで、苦しいんだけど、また食べたくなる味だね。

ちなみに大盛の上は、1200グラムの「兄貴」、1600グラムの「番長」、2300グラムの「星人」があるそう。YouTubeで「パンチョ 星人」と検索すると、ものすごく多くの人が投稿していたので、おったまげた。

ナポリタンの上に目玉焼きがのっかっているビジュアルからしてそそられる。半熟の黄身を麺と混ぜていただくと、えも言われぬ幸福感が訪れる。パンチョのナポリタンは本当においしいなとしみじみ思うね

5位 ジャポネ

こちらはロメスパの代表的なお店だ。「銀座インズ3」の1階にお店がある。最初にうかがったのは2007年2月、お昼時で長い行列があった。行列が進むと、店の全貌が見えてくる。通路に剝き出しになったL字のカウンターだけのお店だ。ロメスパのロメは「路麺」（路傍の麺）というのがよくわかる店舗ファサード（外観）だ。

カウンターに座っている客の後ろ姿はスーツ姿のサラリーマンが多い。メニューはこの店独自のものも多い。たとえば「ジャポネ」は醤油味（肉、小松菜、タマネギ、生しいたけ入り）という具合だ。カウンターの上部に並んだパネルの説明を見ないと、どんな中身なのかわからない。

必ず「大盛り」が用意されているのもロメスパの特徴だ。レギュラー（並）は350グラム、ジャンボ（大盛）は560グラム、横綱は720グラム。

横綱を注文していたお客さんがいて、その量たるやかなりのもので驚いた。僕には絶対無理だ。また、横綱を食べた人にだけの裏メニューもある。それが「親方」900グラム、「理事長」1100グラムだそうだ。

行列が進み自分の番になると、お店の方から注文を聞かれる。席によっては厨房が見える。茹で置きされた大量のスパゲティを要領よく、フライパンで焼く姿を見ることができる。

この店はほぼ絶えず行列しているが、待たずにすぐ食べられる方法もある。それは、テイクアウトだ。あらかじめ注文と取りに行く時間を電話で伝えて

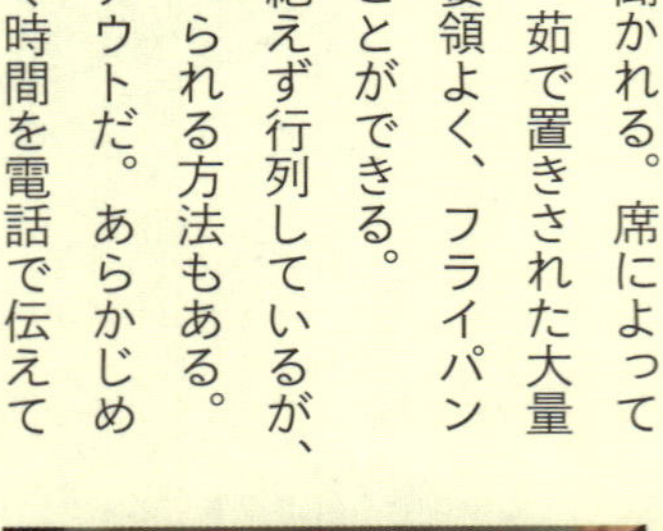

常に長い行列ができている「ジャポネ」、厨房で料理人が大きなフライパンを振り続けている風景は圧巻

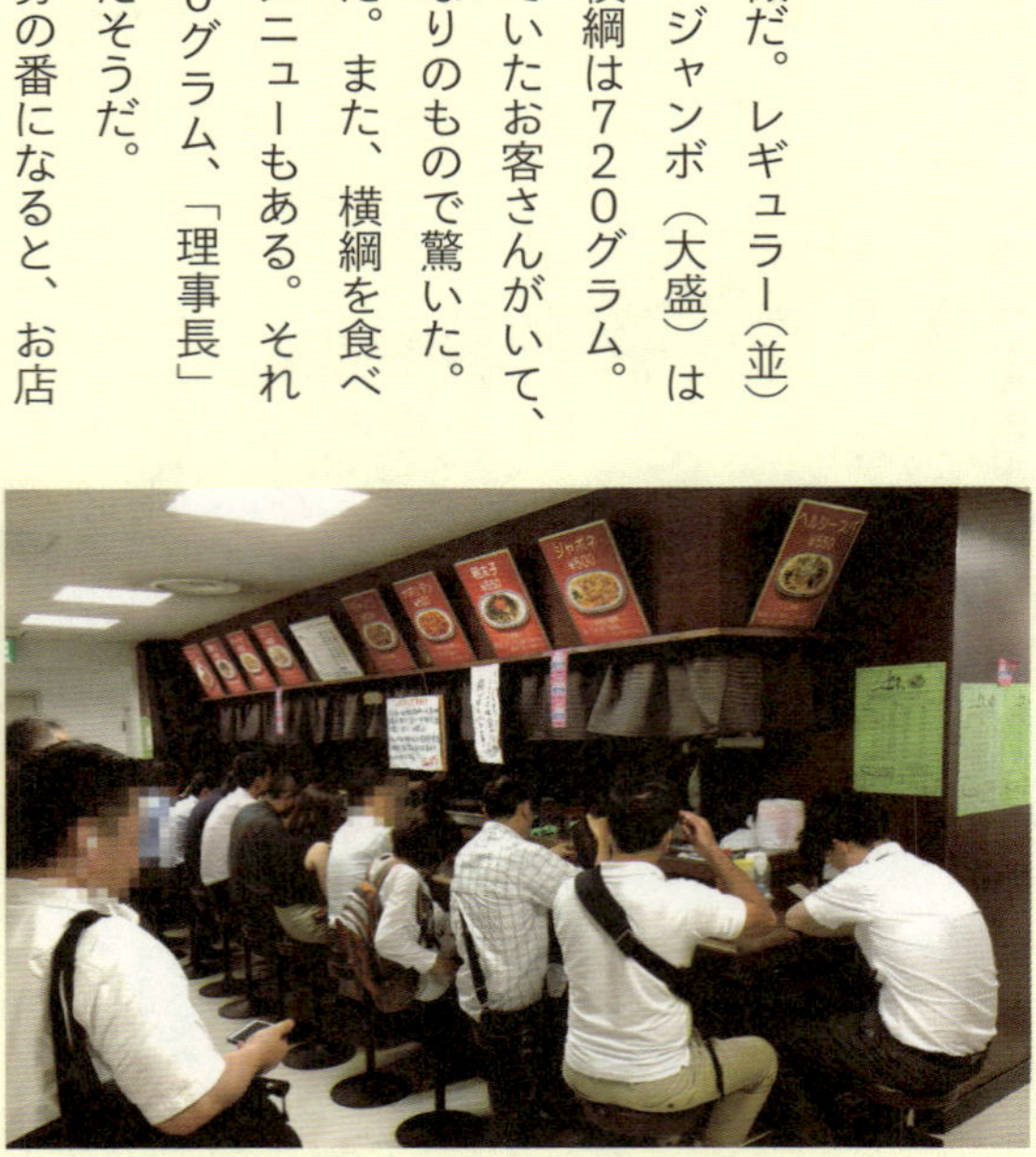

Access
東京都中央区銀座西2-2 銀座インズ3 1F
JR有楽町駅から徒歩3分
【ナポリタン　550円】

おけば、発泡スチロールの容器に入れて渡してもらえる。

　この本を書くにあたって、今どうなっているかを見なければならないと思い、2018年4月に訪問した。昔よりも行列は長くなっている。しかし、基本的なことは昔何度か訪れたときのまま、まるで時間が止まったようなかんじがした。

電話で時間を告げてテイクアウトをお願いしておけば、行列しなくてすむ。粉チーズもたっぷり付けてくれるぞ

　人気は醤油味のジャポネと、海老やトマトがプラスされたジャリコというメニューで、僕も大好きだ。ナポリタンももちろん人気で、エビ、しいたけ、タマネギ、小松菜という具材。味はけっこう濃いめ。麺がもっちりしていて、おいしい。小松菜が見た目の緑も美しく、味のアクセントにもなっている。

「ごちそうさま」と言い、マダムに500円玉を渡すと「まあ、ちょうどですね。ありがとうございます」と言われる（現在は550円）。感謝されるのも昔と同じだ。それにしても、このボリュームでこの値段とは本当にうれしい。行列ができるのも納得だ。ロメスパの醍醐味を味わうなら是非とも行っていただきたいお店だ。

　並ぶのがイヤだという人はテイクアウト利用もいいが、僕は行列しても店内で食べたい派だ。お店の方の仕事ぶりを見るのも楽しいからね。

小松菜の入ったナポリタンは独特のビジュアル。よく炒められていて、香ばしい。味付けは濃厚だけれどあっさりいただける

11位

リトル小岩井

有楽町の「ジャポネ」と並びロメスパの名店。通称「オヤジビル」と呼ばれる大手町ビルの地下2階にある。お昼時は大手町のサラリーマンたちがいつも行列をつくっている。店内はイートインのようなかんじの小さなテーブル。皆さん相席で座っている。

メニュー表のいちばん最初にナポリタン。「ジャポネ」というメニューもあり、たぶん、有楽町の「ジャポネ」（店名）とはなにかしら関わりがあると思われる。

注文時に他のお客さんが「油少なめ」と言っていたのだが、なるほどなと思った。こちらのナポリタンは、ケチャップ多めのオイリーなタイプだった。でも、僕はこのぐらいのオイリーさこそが、ナポリタンの醍醐味だと思っている。最初に提供されるのがコールスロー。これでさっぱりして、オイリーなナポリタンもいただけるのだ。具材はベーコン、タマネギ、ピーマン、マッシュルームとオーソドックス。茹で置きの太麺がもちもちしていてかなりおいしい。

久しぶりに行ってみようかしらと思ったら、ビルの改装工事のため半年間の休業だそう。しかし、何としてももう一度食べたい。そこで、この本の締め切り間際の２０１９年10月1日、満を持してリニューアルオープン初日に担当編集の杉山君とお店の前に行く。すると朝から30人ほどの長い行列があった。みんな待ちわびていたんだね。ほぼ白いワイシャツ姿のサラリーマンの人たちだ。

普段から行列必至だが、リニューアル後のオープン日は長蛇の列。テーブルの粉チーズはかけ放題！

Access

東京都千代田区大手町1-6-1大手町ビルB2F
東京メトロ大手町駅から徒歩1分
【ナポリタン　570円】

行列の進みは早いけれど、けっこうな人数なので1時間ほど並んで入店。やっと着席。相変わらず「油少なめ」のコールは多いのだが、驚いたのは「焦がしめ」というコールも多かったことだ。僕は今回、ナポリタンのレギュラーサイズで「油少なめ」にしてみた。杉山君はナポリタン大の「油普通」。事前に注文を聞かれていたので、着席からほどなく着皿。

僕は初めて「油少なめ」を食べてみたのだが、なるほど、麺は油が少ないほうが少し焦がされているようなかんじ。麺のモチモチ感がハンパなく、杉山君も「これ、麺がおいしいですね」。ナポリタンらしいナポリタン、という意味いえば順位はもっと上でもいいかもしれない。店の入り口ではサンドイッチのテイクアウトなどもやっていて、大手町のサラリーマンたちのランチを支えている。

「油少なめ」コールは以前からあったけれど、最近は「焦がしめ」コールもあるようだ。焦がしは最近の焼きスパゲティのトレンドなんだね。ナポリタンの味付けは濃厚で甘め。麺がおいしい！

4位 センターグリル

　ケチャップ味ナポリタン発祥の店と言われているのが、横浜にある「センターグリル」だ。

　そのことは知っていたのだが、なかなか訪問する機会がなく、この本を執筆するにあたって横浜桜木町まで出かけた。結論から言えば、なぜ早くこの店に来こなかったのかと後悔した。

　店の前の看板には創業昭和21年とある。そして「米国風洋食」と書かれていることから、進駐軍からの物資でナポリタンが誕生したことを想起させる。

　メニューを見ると「スパゲッティーナポリタン」とある。ナポリタンのビジュアルは完璧、僕が理想とするナポリタンだ。ケチャップ色に染まる太麺のスパゲティの太さは2・2ミリだそうだ。粉チーズは最初からたっぷりかけられている。フォークとスプーンが白いナプキンにくるまれている。

　具材はやや大きめにカットされたロースハム、タマネギ、ピーマン、マッシュルームという王道。しっかりしたケチャップ味でよく炒められている。ケチャップ味は前面にくるかんじではなく、やさしめだ。キャベツの千切りにはドレッシングがかけられ、パセリが乗っかっている。さらに球状のポテトサラダがいい箸休めというか、フォーク休めになっている。よく考えられている一皿だ。

　卓上のタバスコをかけると、これまたうまい。後半はキャベツの千切りやポテトサラダなども一緒に混ぜながら、

青いテントが印象的な「センターグリル」。昔ながらの洋食屋さんという店舗ファサードだ

Access
神奈川県横浜市中区花咲町1-9
JR桜木町駅から徒歩5分
【スパゲッティーナポリタン　770円】

スプーンですくっていただく。最後のひとくちまでおいしい。770円とコスパも高い。

なるほど、日本のナポリタンの原点だということがわかるお店だ。ナポリタン巡りをするなら、欠かせないお店だと言っていいだろう。

粉チーズは最初からかけられているので、タバスコだけの提供だ

「米国風洋食」の文字が見える。ナポリタンの写真もあるね

モチモチ系の麺にやさしいケチャップ味、まさに発祥の店の旨さだね。いい仕事をしているのがキャベツの千切りとポテトサラダだ。この組み合わせこそが最高ではないかと思う

17位 キッチンマロ

こちらの「キッチンマロ」は谷中のよみせ通りにある昔ながらの洋食屋さんで、そのたたずまいがなんともいい。かつてはもっと鮮やかな色だったであろう赤地に白抜きで「キッチンマロ」。紺色ののれんにも白抜きで店名が書かれている。

何度もこちらの店舗ファサードを撮影したが、なかなか入る機会がなかった。町中華もそうだが、こういう歴史のあるお店は絶対にうまい。でなければ、こんなに長い間残っていないからだ。

店頭には食品サンプルと合わせて「昼のランチタイム（ご飯・みそ汁・コーヒー付）」と書かれたメニュー表がある。そこには「スパゲティナポリタン（ライスなし）」と書かれている。

初めて「キッチンマロ」でナポリタンを食べたのは２００９年のことだった。最初から粉チーズがかかっている。添えられている野菜はキャベツの千切りの上にパセリ。両脇にトマトとキュウリという昭和の食堂っぽいビジュアル。そしてみそ汁が付いている。ナポリタンの麺は茹で置きの太麺。具材はシンプルにタマネギと豚肉。

いただいてみると、ねっとりした味わいは、ケチャップだけではないかんじ。デミグラスソースが入っているのだろうか。いやぁ、おいしい。

店のご主人はちょっと怖そうな風貌だけれど、お会計のとき話してみればにこやかで優しい方だった。このご主

谷根千のよみせ通りにある「キッチンマロ」。昔ながらの町の洋食屋だ

Access
東京都文京区千駄木3-41-12
東京メトロ千駄木駅から徒歩3分
【スパゲティナポリタン　750円】

人がひとりで切り盛りされていて、カウンター、テーブル、奥には小上りもあるのでおひとりでは大変そうだった。

あれから何度もこちらの店にうかがったのだが、ナポリタン以外のメニューをいただいたことがない。当時は680円だったが、最近いただいたときは750円でランチのコーヒー付きはなくなっていた。

店頭の食品サンプル。この昭和感がいいよね

よく炒められているナポリタンは、ねっとり系。このナポリタンにキャベツの千切りはベストマッチ。そして、おみそ汁がついてくるのがなんともいいね

20位 ニューダイカマ

かつて吉原遊郭があった台東区千東4丁目（現在はソープランド街）に吉原大門という交差点があり、この吉原大門から東浅草二丁目交差点まで続くのが日の出商店街。そしてその先にあるのがアサヒ商店街だ。「ニューダイカマ」はこのアサヒ商店街にある。

のれんが出ていて、そこには大きく「カレーの店」と書かれているが、以前この店でカレーライスを食べたときに、メニューにナポリタンがあることを確認していたのだ。

というわけで再訪問。時刻は平日の午後1時過ぎ。先客はなし。それまでテレビを見ていたご主人は僕を認めると「カレーライスはお好きですか」と声をかけてきた。いきなり芝居がかった問いかけだ。これだけでしびれるね。

「はい、好きです。前回うかがったときカレーをいただきましたが、今日はナポリタン気分なのでナポリタンをお願いします」と答え、注文した。

さて、主人が調理に取り掛かるかというときに若いカップルが入ってきた。彼らはカウンターに座り、男性がカツカレー、女性がミートスパゲティを注文。と、店主は「いま、ナポリタンやってるから」と、強制的に注文をミートからナポリタンに変更させていた。恐るべし、個人店。わずかのタイミングでナポリタンだったけれど、僕がこのカップルより後に店に入っていたら、僕はミートに変更させられていただろう。

改めてメニューを眺めれば、スパゲティは3種類。壁に貼られた短冊には

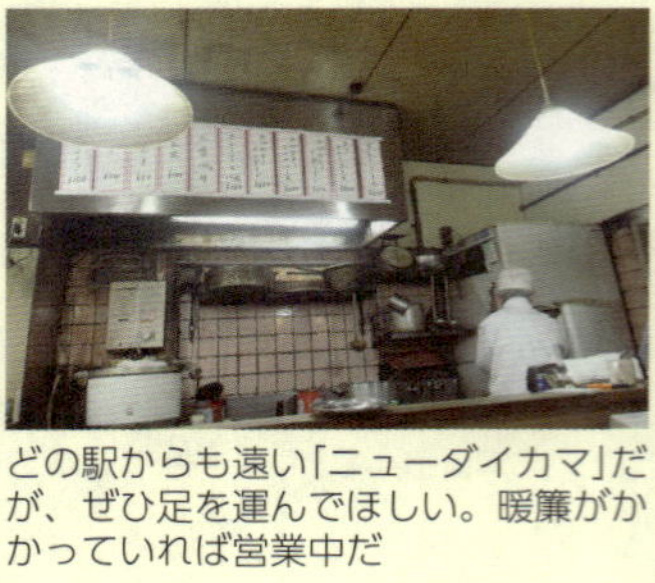

どの駅からも遠い「ニューダイカマ」だが、ぜひ足を運んでほしい。暖簾がかかっていれば営業中だ

Access
東京都台東区清川1-29-5
JR南千住駅から徒歩16分
【スパゲティナポリタン　650円】

「スパゲティナポリタン」「スパゲテーミートソース」「スパゲテーインディアン」。ナポリタンは「ティ」だが、あとの2つは「テー」だ。インディアンというのはカレーのことだと思われるが、カレーのことをインディアンというのもなんだかレトロだ。

と、ここでさらなる客がやって来た。近所のアラサーっぽい女性なのだが、あらかじめ来店を告げていたのだろう。店主にタッパーのようなものを見せている。店主は「ちょ、ちょっと待ってね」と告げ、すたすたと店を出て行ったかと思えば、すぐに戻ってきた。ほどなく店に慌ててやって来たのは、店主の息子さんぐらいの年恰好の男性。たぶん、隣の「大釜本店《だいかま》」へ行って援軍を頼んだのだろう。ちなみに「大釜本店」の創業は1928（昭和3）年、ニューダイカマの創業は1964（昭和44）年だそうだ。

息子さんらしき男性は女性客からタッパーを受け取り、そこへ寸胴鍋からカレーを入れ「2人分ですよね？」。「そうです」と女性客。こうしてカレーだけを買いにくる近所の方もいるんだね。メニューを見ると「カレーソース1人前　380円」とある。昔ながらの黄色いカレーだ。

ほどなくして僕が注文したナポリタンが着皿。ケチャップだけではなくトマトソースも入っているようで、酸味よりも甘味のあるソースだ。

具材は細長く切られたハム、タマネギ、マッシュルーム、グリンピース。タバスコや粉チーズが合う。昭和の頃だったらちょっとハイカラな感じのナポリタンだ。これで650円はお値打ち。しかも、食後のコーヒーも付いてくる。いやぁ、最高だね。いろんな意味で食のエンタテイメントといえるお店。ぜひまたうかがいたいな。

昔懐かしい洋食屋さんのナポリタンといった味わいだ。麺は茹で置きで、フライパンの中で赤く染まっていく。味付けはまろやかで、旨味たっぷり

12位

たいめいけん

2001年3月に『スタジオ・ボイス』の連載企画で1か月間毎日ナポリタンを食べたことは26ページにも書いた。そのときにこちらの老舗洋食店「たいめいけん」にもうかがっている。

この店のナポリタンは2種類ある。「スパゲティナポリタン海老」と「スパゲティナポリタン蟹」。当時はどちらも同じ価格で1550円だった。

本書担当の杉山君と再びナポリタンをいただこうと、こちらの店を訪問。前回のナポリタンから18年後ということになる。

昔とまったく変わらない店内だけれど、唯一違うのが、入り口のところに三代目のオーナーシェフ・茂出木浩司さんの大きな等身大のパネルがあったことだろうか。日焼けしたまっ黒い顔に白い歯が印象的だ。メディア露出も多い三代目だが、その宣伝効果のせいか昔に比べて行列が長くなったような気がする。

前回は「スパゲティナポリタン蟹」をいただいたので、今回は「スパゲティナポリタン海老」にしよう。価格は海老が1800円、蟹が2000円。蟹のほうが少しお高くなっていた。

いやぁ、すごくおいしいんだけど、いわゆるケチャップ味のナポリタンではない。いっしょに行った杉山君は「スパゲティナポリタン蟹」を食べながら、「このコクのある甘さはなんだろう」とずっとつぶやいていた。そう、甘いんだよね。

ちなみにネットには、三代目が紹介するナポリタンのレシピがいくつか存

ランチ時は長い行列ができている老舗洋食店。まっ黒い顔の三代目が等身大パネルで迎えてくれる

Access

東京都中央区日本橋1-12-10
東京メトロ日本橋駅から徒歩1分
【スパゲッティナポリタン海老　1800円】
【スパゲッティナポリタン蟹　2000円】

在する。

あるレシピでは2人分のナポリタンに砂糖小さじ2を入れるとあるので、甘味は砂糖なのかもしれない。いくつかのレシピに共通するのはトマト缶とケチャップを両方使う、白ワインを使うところだ。また、仕上げ直前にマスタードを加えると味がしまるそうだ。

ちなみに僕は18年ぶりだけれど、併設されている立ち食いのスペースでラーメンをいただいたことも何度かある。よく煮込まれたスープや懐かしい赤いチャーシューもおいしいことに加え、4人しか入れないカウンターは厨房が丸見えで、職人さんが料理するのを見ながらラーメンをすするのは楽しかった。ただし、今はこのカウンタースペースは休業中だ。ラーメンは店内でいただけるので、気になる方はぜひ。

コクのあるソースに麺がよくからんでいる。全体的に甘めの味付けで、具材がとにかく豪華。洋食屋さんのナポリタンなので、焼き感はあまりない

13位

煉瓦亭《れんがてい》

日本の洋食の草分け的な存在である銀座「煉瓦亭」。さまざまな洋食メニューの発祥と言われているお店で、これまでいろいろなメニューをいただいた。

　たとえば、オムライスはここの賄《まかな》いから生まれたのだそうだ。一般的に思われているオムライスとはまったく違ったもので、卵かけごはんを混ぜて、それを焼いたようなものだった。これが実においしかった。また、とんかつの原型と言われている、ポークカツレツなどもいただいた。歴史そのものをいただいている感覚になる。

　しかし、ナポリタンをいただいたことはなかった。それで、本書を書くにあたって再訪してみた。

　洋食屋さんのナポリタンだけあってケチャップナポリタンではない。粉チーズがかかった状態で提供された。汁気多めのビジュアル。いただいてみると、独特の味で甘味もあり、めちゃくちゃおいしかった。家庭では到底つくり出せない味だ。さすが「煉瓦亭」の実力を思い知った。

　会計のときに4代目店主の木田浩一朗さんに話をうかがえば、外国航路のコックをやっていた人が、この店に入ってつくり始めたメニューだそうだ。船の中では限られた食材でつくらなくてはならず、それで生まれた料理ではないかとのこと。

　なるほど、それを聞くとまた味わいが違ってくるだろう。また、訪問してナポリタンを食したいと思うのだが、まだ実現できていない。

創業は1895（明治28）年。日本の洋食の草分け的なお店で、ここ発祥のメニューというのがたくさんある

Access

東京都中央区銀座3-5-16
東京メトロ銀座駅から徒歩3分
【スパゲテーナポリタン　1500円】

粉チーズがかけられて提供される。ソースの旨みがハンパないねぇ。ここでしか味わえないナポリタンだ

長い歴史の中、チャップリンや池波正太郎など、有名人も多く訪れている

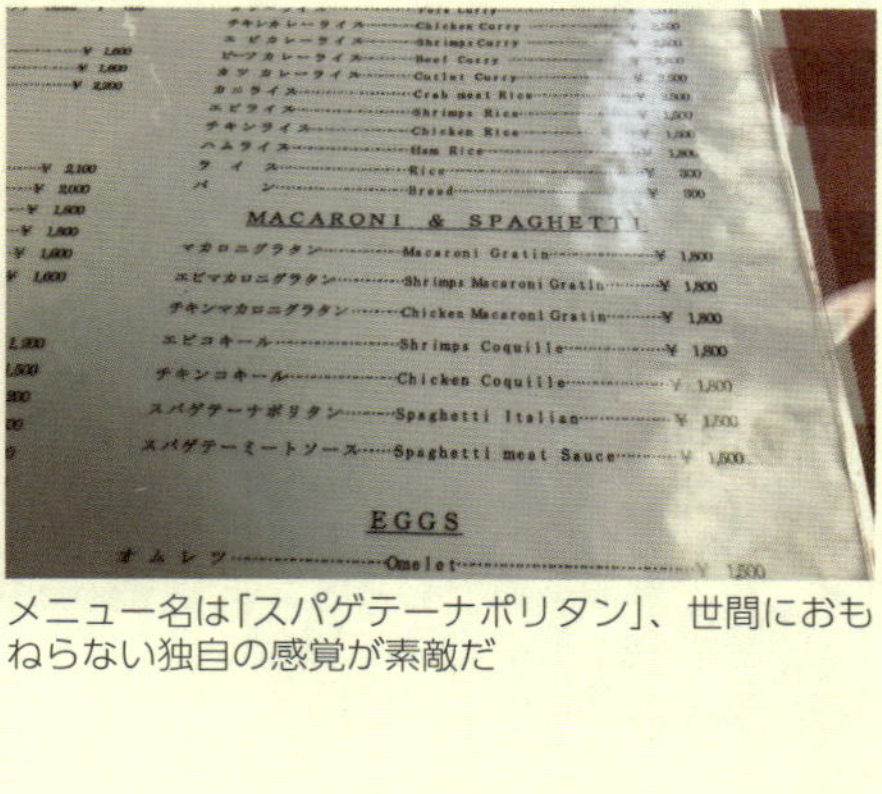

メニュー名は「スパゲテーナポリタン」、世間におもねらない独自の感覚が素敵だ

14位 ケルン

こちらのお店の前身は五反田に大正時代にできた料亭「松泉閣」だ。かなり敷地の広い料亭だったようで、広い日本庭園などがあったそうだが、残念ながら戦災で焼失。その場所には戦後、ボウリング場が建てられた。そのボウリング場の3階で営業していたのが「レストラン ケルン」だ。

その後、昭和35年に現在のオーナーの小林道生さんのお父様が虎ノ門の飯野ビルに「ケルン」を創業。その3年後、今の場所に2号店を創業。飯野ビルの建て替えにより本店は撤退したため、現在はこちらの「ケルン」だけなのだそうだ。

ある取材で、オーナーの小林さんからナポリタンについて興味深い話を聞いた。

「ナポリタンは今、人気がありますが、イタリアンがブームになったときにやめていくところが多かったんですね」

とおっしゃる。ナポリタンはイタリアンではないということで、ナポリタン排斥のような時代の流れだったのかもしれない。

「もともと、ナポリタンは海老などの魚介系と肉系があったんですよ。うちも最初は2種類のナポリタンを出していたのですが、魚介系は高くつくので、肉系だけにしました。今お出ししているのは鶏肉とウィンナーが入っているナポリタンです」

今でもナポリタンは人気メニューのひとつだそうだ。「ケルン」のナポリタンが爆発的な人気になるのは、テレビ出演だった。僕も大好きだった『ど

虎ノ門駅からすぐの場所にある老舗洋食店。ナポリタンはスープ、サラダ付き

Access
東京都港区虎ノ門1-1-28 TOTOビルB1F
東京メトロ虎ノ門駅から徒歩1分
【昔ながらのウィンナーナポリタン(セット)　1000円】

っちの料理ショー』(日本テレビ系)にこの店のナポリタンが登場したのだ(2005年8月18日放送回)。対決する料理はミートソース。僕もこの回を観ていた記憶がうっすらある。で、勝ったんでしたっけ、負けたんでしたっけ、と聞いてみれば、小林さんは「負けたんですよ(笑)」とのこと。しかしテレビの影響は絶大で、翌日は200食のナポリタンが出たと言う。

後日、こちらのナポリタンをいただきにうかがった。注文するとまずはコールスローがきた。甘酸っぱくておいしい。そして、小さなコーヒーカップに入れられたポタージュもいいかんじ。

これらをいただいているといよいよナポリタンが着皿。ウィンナーたっぷりだ。その他、ピーマン、タマネギ、マッシュルーム、鶏肉などの具材。味付けは、ケチャップにデミグラスソースが加えられていて赤茶色系のビジュアル。洋食屋さんのナポリタンって、ケチャップだけではなくデミグラスソースを加えているところが多く、そのあたりが喫茶店系との違いになっている気がする。

ちなみに、オーナーの小林さんが、「ライスをいっしょに注文するお客様もいらっしゃいます」と言っていたのには驚いた。あー、昔はそういう人をよく見かけた。ナポリタンをおかずにライスを食べているのだ。

一般社団法人 日本洋食協会によれば、「日本の洋食」を「洋食とは米飯に合わせて食す、日本独自の進化を遂げた西洋料理」と定義している。昔の日本人は今以上に米飯を食べていたわけで、洋食もご飯のおかずなのだ。ならば、洋食屋さんが出すナポリタンもご飯のおかずになるというのもわかる気がする。

メニュー名が「ウィンナーナポリタン」というだけに大量のウィンナー輪切りが入っている。なるほどご飯がほしくなるかも

22位

ヨシカミ

表の看板には「うますぎて申訳けないス！」と書かれている。本当に申し訳ないほど旨いのか、行こう行こうと思いながらも遅ればせで行ったのが2019年4月。

普段は行列ができている同店だが、この日は春なのに急に寒くなり雨の降る日だったので、行列なしですんなり入れた。

結論から言えば、ここはぜひ行ってほしいお店。できれば、カウンターの真ん中あたりに座りたい。そこは特等席だ。目の前でナポリタンをつくっているところが見られるのだ。

具材を入れて、麺投入。ケチャップの容器が脇で準備中。けっこう炒める。あまりさわらず、ときどきあおる程度。ケチャップやら白ワイン、赤ワイン、ラム酒などいろんなものが投入されて出来上がり。

洋食系のナポリタンはどこも個性的。こちらの具材は長細いインゲン、長細く切られたハム、マッシュルーム、タマネギというラインナップ。ピーマンの代わりに緑系はインゲンが担っているのだけれど、細長くて麺と一緒に食べるといいかんじ。味付けは濃くはないけれど、旨みがあるので満足度が高い。ナポリタンという料理の幅の広さを感じた一皿だった。

銀座の「煉瓦亭」、虎ノ門「ケルン」、そして浅草「ヨシカミ」。洋食屋さんのナポリタンはどこも個性的で食べ歩く価値がある。この分野、個人的にも興味があるのでもっと食べ歩きたいと思っている。

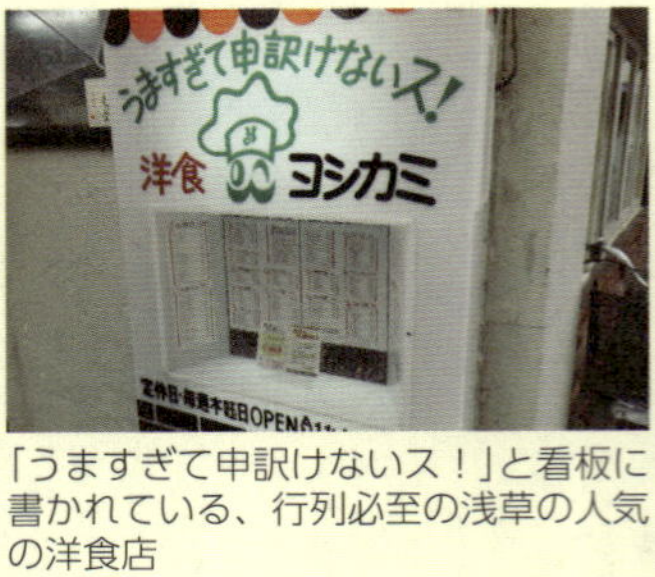

「うますぎて申訳けないス！」と看板に書かれている、行列必至の浅草の人気の洋食店

Access
東京都台東区浅草1-41-4
つくばエクスプレス浅草駅から徒歩2分
【スパゲティーナポリタン　1200円】

どこか懐かしいかんじがするのだが、初めて味わうナポリタンだ。インゲンが入っているのが特徴的だ

カウンター席に座れば、ナポリタンをつくる一部始終を見物できる。いとも簡単につくられるナポリタンだが、そこにはプロのワザが光る

ランチ時は650円払うとスープとサラダが付くサービスがある。ナポリタンのサイドにぜひ付けたいところだね

15位 関谷スパゲティ

「どこか懐かしいナポリタン」というのは、昔からやっている店が変わらぬ味で出すからそうなるわけで、新しくできたお店は新しいアプローチでやってくる。こちらの店は2013年2月にオープンしたようだ。ニューカマーのナポリタンといえるだろう。

中目黒の駅を出て山手通りを少し歩くと「関谷スパゲティ」がある。土曜日の13時半にお店に到着。行列ができている。

外に大きな立て看板が置かれ、メニューが並んでいる。スパゲティは基本が300グラムで、どれも730円のようだ。ビッグ（400グラム）が180円増し、ダブル（600グラム）が360円増し。こうして大盛りができるところはロメスパ系だ。

看板には「練りたて、茹でたて、炒めたて。」のキャッチフレーズ。どうやら、すべてのスパゲティが炒め系のようだ。これは期待できそう。10分ほど並んで入店しナポリタンをオーダー。10分ほどで着皿。

タマネギ、ピーマン、マッシュルーム、ウィンナーというオーソドックスな具材のケチャップ味。麺はなんと直径2・4ミリと極太。とにかく麺がもちもちでおいしい。茹でたて麺がしっかり焼かれていて焦げていたりするのだが、その焦げがおいしい。ナポリタンは炒めれば炒めるほどおいしいとは思っていたけれど、焦げるまではやり過ぎだろう……なんて思っていたが、焦げてよかったんだ。

こちらのお店、女性客が多いのも特

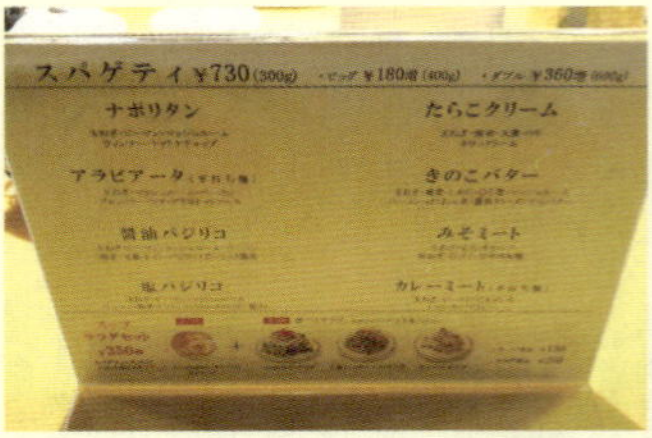

行列必至の人気店だが、女性客が多いのも特徴。とはいえ、普通盛りでも300グラム。さらに大盛りもある

Access

東京都目黒区上目黒3-1-2 ハウスセンター中目黒ビル 1F
東京メトロ中目黒駅から徒歩3分
【ナポリタン　730円】

徴。ナポリタンはもはやおっさんのものではないのかもしれない。あとから気がついたが、スープ、サラダセットというのがあって、サラダのボリュームがすごかった。このあたりも女性客が多い理由なのかもしれないと思った。ちなみに僕がうかがったとき、男性客でサラダを食べている人は少なかったように思う。

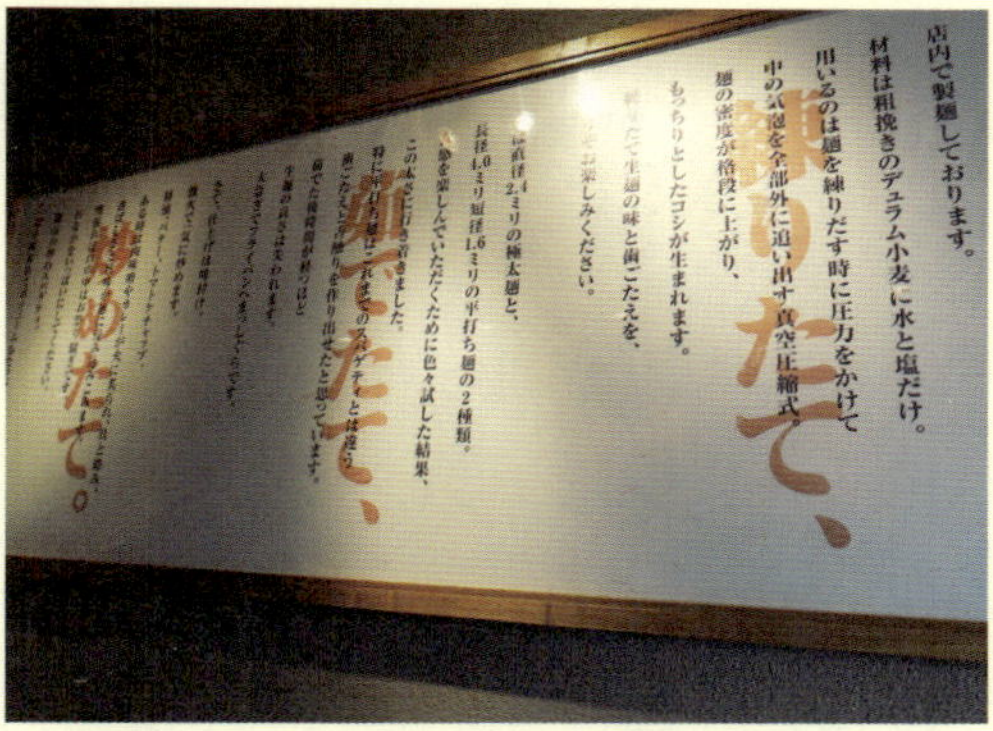

自家製麺を「練りたて」、さらに「茹でたて」「炒めたて」と、「3たて」がこちらの特徴らしい

練りたての自家製麺がモチモチでおいしいのに加えて、よく焼いてあり、焦げなどもあるので実に香ばしく仕上がっている。焼きスパゲティの新たなトレンドなのかもしれない

9位 Cafe 1869 by MARUZEN

このナポリタン本の執筆もいよいよ佳境に入ったころ、杉山君から丸善丸の内本店の3階にナポリタンを出しているカフェがあるというメールが届いた。その店名を見て、なんとも興奮した。店名の数字は1869（明治2）年で、これは丸善の創業年ではないか。

丸善は洋書の輸入販売店として日本橋に創業する。創業者は早矢仕有的《はやしゆうてき》だ。この名前にピンとくる人もいるだろう。そう、諸説あるが、ハヤシライスを考案した人だとされている。そんな思いがどっと押し寄せ、すぐに「明日行きましょう」とメールの返事をした。

丸善は東京駅の丸の内北口から歩いてすぐの場所にある。歩きながら梶井基次郎の『檸檬《れもん》』という小説を思い出す。主人公が檸檬を置いてきた店は、今はなき丸善京都河原町店だった。など思い馳せながら丸善のエスカレータで3階へ。お店の前で杉山君と落ち合う。書店のフロアからそのままカフェにつながっている。ひとりでも気軽に入れる雰囲気だ。

店内に貼られたポスターでナポリタンが紹介されている。「当店謹製　東京ナポリタン」とある。謹製という言葉がなんとも懐かしい。心を込めて、丁寧につくられることを謹製という。「昭和30年代から高度成長期の東京で多くの著名人や文化人に愛され、日本の喫茶文化が育ててきた日本の味、ナポリタン」というようなフレーズが書かれている。サラダ付きで800円。プラス250円でコーヒーか紅茶の飲み物が付く。

丸善丸の内本店の3階にあるカフェで食べられるというナポリタンは「東京ナポリタン」というネーミング

Access
東京都千代田区丸の内1-6-4オアゾ3F
丸善丸の内本店内
JR東京駅丸の内北口から徒歩1分
【東京ナポリタン（サラダ付）　800円】

注文口で先に代金を支払うと、飲み物はすぐに出るが、フードは呼び出しベルを渡される。

杉山君がしきりに「このキッチンでどうやってつくるんだろう?」と言っている。たしかにかなり狭いキッチンで火を使うコンロも見当たらない。ちょうど僕の席からキッチンが見えるので見学していると、袋に入れられたナポリタンが電子レンジで温められ、皿に盛られていた。

書店の一角につくられたカフェでいただくナポリタン。購入前の本を持ち込むことは残念ながらNGだ

ベルが鳴り、ナポリタンを取りに行く。タバスコや粉チーズは受け取り口のところに置かれていて、その場で客がかけるような仕組みになっている。

さて、ナポリタンをフォークで巻いていただいてみると、これがうまい。麺がもちもちしてて、おいしいのだ。

「炒めているわけではないのにかなりおいしいですね」と杉山君。僕もうなずく。小さく刻まれたピーマンやソーセージもいいのだが、ナポリタンって麺のおいしさなんだなと痛感した。

シンプルな料理だけに麺のおいしさが伝わってくるのがナポリタンではないかと思う。自分でつくったりすると、特にそう思うね。

また、おいしさももちろんだが、店の雰囲気や歴史的な背景も加味すると、僕の中では結構順位は高いのだ。

狭いキッチンでは、炒められている様子はなく、あらかじめつくられたものを電子レンジで温めているのだが、バツグンに旨い!

2位 カルボ

ナポリタンがこんなことになるなんて誰が想像しただろうか。「関谷スパゲティ」よりもさらに焦げているのがこちらのお店。ロメスパ系の最先端、最終系だといえる。

大きな手でフォークを持ち、スパゲティを持ち上げている看板のイラストが印象的だ。店頭にある自販機で、麺の量が3段階に分かれている。小盛り200グラム、中盛り400グラム、大盛り600グラム。そして、「特800グラム、山1000グラムもございます、お気軽にお申し付けください」と書かれている。

券売機でナポリタンは「ナポリ」となっている。僕が券売機をポチッとしたのはナポリの小盛り、650円。お店に入って食券を若い女性店員に渡す。

卓上にはタバスコ、胡椒がある。粉チーズかと思ったものは「チーズパン粉」と瓶に書かれていて、かけ放題。そういえば粉チーズは50円と券売機にあった。

箸とフォークが用意されている。しばし待つ間もスパゲティを炒める音がジュージューと聞こえてくる。と、やってきたよ、ナポリ着皿。

ひとくちいただいてみると、ぷりぷりの麺が旨い。少し甘みを感じる。ケチャップ味は強くない。結論からいえば、いわゆるナポリタン好きなおっさんが、最終的にたどり着くような店だと思った。これまでナポリタン好きの間では、どれだけ炒めるか、炒め時間が長ければ長いほどおいしいと言われていたのだが、この店はその究極系だ。

大きな手でフォークをつかみ、スパゲティを持ち上げる印象的な看板が目印。チーズパン粉はかけ放題！

Access
東京都台東区浅草3-42-6大島ビル1F
つくばエクスプレス浅草駅から徒歩7分
【ナポリ小　650円】【ナポリ中　800円】【ナポリ大　950円】

焦げが旨みになっているのだ。その分ケチャップ味は濃くないので、けっこうな量を食べられる。味変用のタバスコやチーズパン粉がナポリにはものすごく合う。

「カルボ」が提供しているスパメニューはカルボ、ナポリ、ミカド、ミートの4種類だ。ミカドというメニューは初めて聞いたが、これはにんにく醬油の味で、自分はこのメニューもかなり気に入った。ベーコン、しめじ、タマネギなどの具材。焦げはほとんどない。太麺のおいしさをいちばん感じる味付けのように思う。なかなか奥が深い店だ。

それから僕はこの店にハマって、全種類のメニューを制覇した。駒草出版の杉山君が「最終的な打ち合わせをお昼でも食べながらしたい」と言うので、「カルボ」にお誘いした。

というわけで、2019年7月のお昼過ぎ、つくばエクスプレス線の浅草駅で待ち合わせてカルボへ向かう。いつも僕は「小」を食べているのだが、この日は駒草出版のおごりだし、おなかもすいているので「中」にしてみた。

ちなみに杉山君の私的ランキング、ロメスパ系ではここがいちばんだと言う。とくに、卓上のチーズパン粉が気に入ったようで、「カールのチーズ味を粉にした感じで、焦がしたナポリタンにすごく合いますね」とのこと。

軽く打ち合わせをして、店を出て別れたのだが、中をいただいたことを激しく後悔した。激しい胃もたれがやってきた。まいったなぁ。帰宅して胃薬を飲んだが、夕方くらいまで腹が苦しかった。こうして人は年とともに食が細くなっていくのだろう。

ともあれ、しばらくすると「カルボ」の焦げた麺が食べたくなってしまうから不思議だなぁ。

ところどころに焦げがあって、それが香ばしくてクセになる。自宅でつくろうと思ってもなかなか再現できない味だ

1位 SUN《サン》

この単行本を書くために喫茶店のナポリタンもずいぶんと食べ歩いた。ただ、喫茶店のナポリタンというのは割とどこも似ていて、バターの風味にケチャップがからみ、麺はやわやわの太麺。タバスコと粉チーズが提供されて、それをかけて食べるというスタイルはどこも同じだった。

あらかた近所の喫茶店に行き尽くしたと思ったときに、「SUN」の存在に気がついた。一度、お昼時に来たことがあるが、満席であきらめたことがある。まだ入ったことはなかった。13時を少し過ぎ、先客がパラパラとしかいないのを確認して入店。

壁に貼られたメニューを見る。そこには「なぽりたん」とひらがな表記のナポリタンがあった。飲み物やサラダがいっしょに出てくるセットで注文してみた。

なぜ、メニュー名がひらがななのかをマスターに聞いたら「そのほうがやさしそうだから」とのこと。彼が二代目の店主だそうだ。聞けば彼の父親がここで40年ほど前に喫茶店を始めたのだそうで、4年ほど前から彼がひとりで店を切り盛りしている。

まず出てきたのが、サニーレタスに胡麻ドレッシングがかけられたもの。それを食べているときにナポリタンを炒める音が聞こえる。ほどなく着皿。薄い食パンが2枚、ナポリタンの皿のふちに置かれている。

一口食べて衝撃が走った。これは、懐かしいナポリタンではあるけれど、新しさもある。麺は噛みごたえのある

入谷の鬼子母神の向かい側の路地にひっそりとたたずむ喫茶店。看板には「珈琲とスパゲティの店」とある

Access
東京都台東区下谷2-3-16
東京メトロ入谷駅から徒歩2分
【なぽりたん　650円（サラダ、ドリンク、デザート付で850円）】

アルデンテだ。輪切りの唐辛子が入っていて、ちょっとピリ辛。これまで食べてきたどの喫茶店のナポリタンとも違う、ここのオリジナル。つまり他では食べられない味だ。

　ナポリタンは先代が出していた頃とはかなり違うのだそう。ケチャップだけではなくトマトソースを合わせて使っている。具材はウィンナーソーセージ、タマネギ、ピーマンなどだ。

　けっこうボリュームがあるので、麺は300グラムかと思ったら200グラムだそうで、大盛りが300グラムになるとのこと。パンも付いているので、けっこうおなかいっぱいだ。皿に残ったソースをパンですくって食べるのも楽しい。

　パンは先代の時代からナポリタンなど限られたパスタには付いていたが、今のマスターになってからはどのパスタにもパンを付けるようにしたそう。

メニュー名は「なぽりたん」とひらがな。いただいてみれば、初めて食べる味だけど、どこか懐かしい。パンが添えられていて、そのまま食べてもいいし、残ったソースをつけてもいい

「最初はけっこう厳しかったですよ」と店主。というのも、先代の頃から通っていたお客さんからは、「もっと麺を柔らかくしてくれ」など厳しい意見が多かったようだ。しかし、先代はそれに対して「お前のやりたいようにやれ」とすべてを任せてくれたという。

その後も何度かお店へ通い、なぽりたん以外のメニューもいただいたのだが、どれもハズレがなくおいしい。しかも、どのメニューもどこかしらに工夫があって、ここでしか食べられないオリジナルな料理に仕上がっている。まさに個人店だからこその展開だといえる。

マスターと会話するようになって、『メシ通』というサイトでこの店の「なぽりたん」のレシピを紹介する記事を書かせていただいた。詳しいつくり方はサイトを見てもらいたいが、麺を茹で上げたら麺を扇風機で冷やして乾かすのだそうだ。この工程が独特。

トマトソースとケチャップを合わせたソースで炒める。輪切りの唐辛子が入り、仕上げに黒コショウもかける。いろいろな辛みが押し寄せてくる。どこか懐かしいけれど、スパイシーで新しい味が完成するのだ。

マスターに、「読者がこの記事を参考にして家でつくる場合の注意点があれば教えてください」と聞いてみたら、「焦がしちゃダメですね。焦がさないように注意してください」。

えっ、焦がしちゃダメなの!?　焦がすことが旨みのひとつだというロメスパ店があるかと思えば、こうして焦がすことはタブーというお店もある。いやぁ、ナポリタンって実に多種多様なんだね。奥が深いな。

ランチのセットにすれば、サラダ、飲み物、デザートが付いてくる

食のサイト【メシ通】では「SUN」の「なぽりたん」のつくりかたが公開されている

第2章

散歩がてら見つけた個性的すぎるお店
ぶらり下町ナポリタン

初めて食べた「ナポリタンうどん」の衝撃！

僕が今住んでいるのは台東区の入谷だ。新宿から北上野に引っ越したのが2014年で、その3年後に入谷に引っ越した。いわゆる「下町」と言われるエリアで、家の近所に昭和の面影漂う個性的な飲食店がたくさんあるから、散歩ライターとしては日々刺激的だ。

観光客がまず行かないようなエリアへも散歩がてら足を踏み入れることができる。たとえば、つくばエクスプレスの浅草駅から国際通りを北上し、言問《こととい》通りを越えたあたりに「筑波《つくば》」という個性的な飲食店があるのを発見した。

店内に入り、壁にあったメニューを眺めていると、なんと「ナポリタンうどん」とあった。壁のメニューをカメラで撮ってもいいか聞いてみたところ、快諾いただいた。ちなみにこれらのメニューは女性店主の手書きなのだそうだ。味のあるいい字だ。他と比べて、ナポリタンの文字が太いので、なんだかお勧めされている気がする。しかし、「うどん」の文字はそれにくらべると小さく、控えめだ。

というわけで、ナポリタンを元気よく注文。お店のことも少しうかがうことができた。

創業は昭和22年。女性店主の親がこのお店を始めたのだそうだ。それまでは錦糸町にお店があったのだけれど、空襲で焼け出され、浅草六区で屋台を引いてお金を貯めて、ここに店を出したのだそうだ。そんなお話をうかがっているうちにナポリタンうどんが出来上がった。ちょっとした煮物の小鉢が付いている。こういうの、うれしいね。

で、味の方だが、想像していたのとは少々違った。たしかにケチャップ味

筑波
東京都台東区浅草3-42-5
つくばエクスプレス浅草駅から徒歩4分
【ナポリタンうどん 500円】

とても個性的な外観だけれど、入ってみれば、昔ながらの定食屋さんで落ち着くかんじだ

店主の親がつくってくれていたという「ナポリタンうどん」。人気メニューなんだそうだ

の焼きうどんではあるのだけれど、ケチャップ味がどーんとくる感じではない。ほんのりというかんじ。そして、うどんのもちもちした食感がなかなかいい。うどんとケチャップ、合うね。

「ナポリタンうどん、おいしいですね。しかし珍しいメニューですね。この料理、どうやって生まれたんですか」と聞いてみた。

「親がね、つくってくれてたんですよ。昔はスパゲティなんてなかなか手に入らなくて、うどんでつくってたんですよ」

「昔からこの食堂のメニューだったのでしょうか？」

「そうじゃなくて、それは私がやるようになって、親の味を思い出して出すようになったんですよ。けっこう懐かしいっておっしゃるお客さん多いですよ」

　とのことだ。昔はけっこうポピュラーなメニューだったのだろうか。あとから来た初老の男性客も「ナポリタンうどん」。人気のメニューなんだね。

うっひょー！「ナポリタンうどん」が定食に！

　帰宅して、ナポリタンうどんってもしや一般的なメニューか？　と思い検索してみたら、東急池上線の蓮沼《はすぬま》という駅近くにあるお蕎麦屋さんで、なんと「ナポリタンうどん定食」なるものを出す店があるそうだ。さっそく向かった。

　看板に**「そば処　廣栄屋《ひろえや》」**とある。食品サンプルなど店頭を見るにつけ、「ナポリタンうどん」の情報はなく、ごく普通のお蕎麦屋さんというたたずまい。ここでナポリタンうどんを出しているのか不安になった。

　とにかく入店。メニューを見てみると、定食のところに、あった、ありま

そば処　廣栄屋
東京都大田区東矢口1-17-14
東急池上線蓮沼駅から徒歩2分
【ナポリタンうどん定食 950円】

ナポリタンうどん定食を出しているという「廣栄屋」さん。東急池上線蓮沼駅から歩いて割とすぐの場所にある

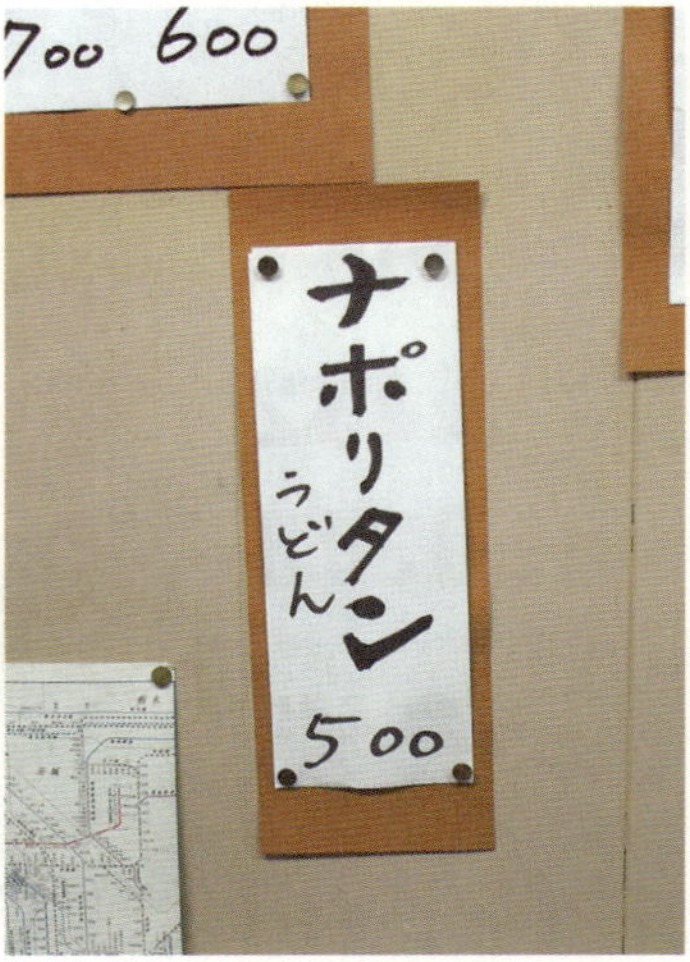

「筑波」の壁に貼ってあるメニュー。手書きなのもなかなか味わいがあるね

したぁ。「ナポリタンうどん定食」。お蕎麦屋さんだけど、本当にメニューが多い。とりあえず、ナポリタンうどん定食を元気に注文。

　料理が来るまでメニューを眺めていたけれど、写真付きで色々なものがオススメされている。中華物というコーナーにはラーメンなどもズラリ。写真で「つけ麺」なども紹介されている。幅広いね。おっ、カツライスもあるぞ。「筑波」に通じるものがあるなぁ。というわけで、やってきたナポリタンうどん定食。うっひょー、本当に定食になってる!

　ナポリタンうどんの皿にはキャベツの千切り、鶏のから揚げ、ゆで卵がのっかっている。ご飯にお新香。小鉢には、ラーメンのおつゆに浸っている幅広の麺。つるんとしてなかなかおいしい。こちらのナポリタンうどんもケチャップ味は濃くない。一緒に炒めてある野菜の香りが前面にくるタイプだ。

　そういえば、メニューに単品のナポリタンうどんはない。定食だけだ。でも、食べてみてよくわかったのは、こちらのナポリタンうどんはご飯に合う。うどんは「筑波」さんより、少し太めでコシがあるタイプ。見た目はボリュームがあって、食べきれるかなと思ったけれど、意外に大丈夫。むしろご飯をおかわりしそうになった（実際にはしなかったけど）。いやぁ、堪能した。

「ナポリタンうどん」ならぬ「うどんナポリタン」も発見

　そして、さらに我が家の近所で「ナポリタンうどん」ではなく「うどんナポリタン」なるものに遭遇することになる。お店は入谷、言問通り沿いにある「道」という居酒屋さんだ。地元の人に愛されているお店でいつも満員だ。席が空いているのを見つけると店に

小鉢なども付いて充実の定食になっている。ナポリタンうどんは十分ご飯のおかずになるね。おいしくいただいたぞ!

入る。で、あるとき、壁に貼ってあるメニューに「うどんナポリタン」というのがあることに気がついた。それまで何度か訪れていたが、まったく目に入っていなかったのだけれど、本書を書き始めたせいで気づかされたのだ。

さっそく注文してみると、厨房からジュージューと炒めている音が聞こえる。着皿した「うどんナポリタン」はビジュアルもなかなか美しい。ケチャップ感はほどほど、ピリ辛でもある。おつまみにもなるし、呑みの〆にもなるかんじだ。お箸で食べるのだが、これがまたいいんだよね。

浅草の「水口食堂」にナポリタンがあったが、浅草から入谷にかけての居酒屋にはナポリタン、あるいはナポリタンうどんがある場合が少なくない。新宿や東京の西側の居酒屋ではあまり見なかった気がする。

町中華のメニューで まさかのナポリタン！

「町中華」という言葉を聞いたのは、友人の北尾トロからだ。

そのきっかけは2013年の暮れ、高円寺にあった「大陸」が閉店していたことで、北尾トロは「ああいう、マチチュウカはどんどんなくなるね」と言った。初めて聞く言葉で、おおよその意味はわかるけれど、どういう表記なのかと聞いた。すなわち「町中華」か「街中華」かである。

トロは前者だと言った。「町医者」という言葉は知っていたけれど、それの中華版かと僕は理解した。新鮮な響きであり、発見だった。トロによれば、昔からある言葉なんだそうだ。昭和の時代からある個人経営の中華料理屋で、中華なんだけれどカツ丼やオムライス、カレーライスなども出している店だ。

道
東京都台東区入谷1-2-2
東京メトロ入谷駅から徒歩４分
【うどんナポリタン 500円】

近隣の常連客で賑わう「道」でいただいた「うどんナポリタン」は、何気ないけど、忘れられない味だった

呑みの〆に「うどんナポリタン」をいただく。スルスルとあっという間に食べてしまった

「町中華」という言葉を見つけたことで、昔ながらの中華屋へ行くのが楽しくなった。2014年、僕とトロは町中華探検隊を結成し、町中華をめぐった。すると、これまで見えていなかった町中華の世界が目の前に広がってきたのだ。

2015年になると、新しい隊員も入り、その年の夏に『散歩の達人』(交通新聞社)で「町中華探検隊がゆく!」という連載がスタートした。そして2016年夏に北尾トロ、竜超とともに『町中華とはなんだ』(立東舎)という単行本を書いた。

北尾トロと2人だけで町中華探検隊を始めた頃、その活動の様子はYouTubeに投稿をしていた。僕がカメラをまわし、町を歩きながら中華料理屋を探す。見つけたら、店の前で北尾トロに「隊長、これは町中華でしょうか」と聞くのだ。トロは偉そうにしながら「これは本格中華だね、町中華じゃない」というようなやり取りをしていた。

まったくのお遊びだったのだけれど、YouTubeに投稿しても世間からはなんの反響もなかった。今から思えばその理由はよくわかる。2014年当時、町中華という言葉を使っていたのは日本中で僕と北尾トロだけだったのだ。

それが、この原稿を書いている現段階では夕方のニュース番組で「きょうは町中華特集です」などと言っていたりする。タレントさんが食べ歩くような番組でも町中華という単語が飛び交っていたりするのを見るにつけ、隔世の感がある。ほんの数年のことなんだけどね。

さて、2014年当時、少しでも町中華を知ってもらうためにブログも始めた。すると、情報をくれる人が出始める。自営で弁当屋をやっているKと

2015年2月、北尾トロとともにやってきたナポリタンを出すという町中華

いう男性から、

「いつも仕入れのときにバイクで通る道に『昇龍』という中華料理店があるのですが、ナポリタンという赤ちょうちんが出ているんですよ。あれって、町中華ですかね」

　というメッセージをSNSでいただいた。中華だけど、ナポリタンを出しているんだ。これはいい情報だ。

　さっそく北尾トロとともに探検に出かけた。2015年、2月のことだ。

「昇龍」の赤ちょうちんは、ナポリタンの他にも餃子、オムライスと書かれているものも店頭にぶらさがっている。店内に入ると、メニュー表にはラーメンやニラレバとともにナポリタンがあった。スパゲティは他にも、ジャポネ（しょうゆスパ）というメニューがあり、ロメスパ好きな方がやっていらっしゃることがよくわかる。

　もちろん、僕はナポリタンを注文。ついでに餃子もお願いする。トロはカツ丼を注文した。

　先に出てきたのは、トロが注文したカツ丼。この時期、トロは町中華へ行くとよくカツ丼を注文していた。たぶん、僕以外からも町中華に対する定義を求められ、三種の神器「オムライス、カレーライス、カツ丼」のあるのが町中華だと言っていたのだ。この定義はほどなく「三種の神器があるのが町中華」から「三種の神器があればなおよい」に変化していくことになる。いろいろな町中華を食べ歩くと、これらのメニューを出していないところも多いのだ。

　さて、ナポリタンだ。厨房からはジュージューとナポリタンを炒める音が聞こえる。お箸でいただくナポリタン。ちゃんと粉チーズやタバスコも提供される。しっかり炒められていて、なかなかおいしい。後々わかるのだけれど、

昇龍（田端）
現在閉店

ナポリタンと餃子の組み合わせがなんとも素敵。ナポリタンは中華風ではない本格派で、おいしかった！

残念ながらこのお店は閉店してしまった。ユニークな町中華は減っていくばかりだ。さびしいね

町中華のナポリタンというと、中華麺を使っているところが多いのだが、こちらは普通のスパゲティの麺を使っている。

おいしかったのだけれど、また訪問しようと店前まで行ったら、お店は閉店していた。残念だ。町中華はどんどん店を閉めていく。

かな〜り中華風だった「鶴亀式ナポリタン」

町中華のナポリタンはざっくりいえば懐かしい系、昔風だけれど、まったく新しいタイプの町中華ナポリタンが北千住にあった。北千住駅西口から歩いて6分、**「鶴亀飯店《つるかめはんてん》」**というお店。ここを町中華といっていいかどうかは微妙なかんじ。おしゃれなカフェスタイルの中華料理屋だ。カウンター席とテーブル席があって、お一人さまでもファミリーでも対応できる。

うかがったのは土曜日のお昼過ぎ。行列が出来ている。ファミレスのように入り口にある紙に名前を書いておくスタイル。メニューは豊富だ。「日替わりSET」というような定食も豊富。丼物やチャーハンもある。麺メニューは中国ご当地中華麺、鶴亀オリジナル麺、創作あえ麺、焼き麺というコーナーがあった。

創作あえ麺のコーナーにナポリタンがある。焼き麺ではなくあえ麺なんだね。メニュー名は「鶴亀式ナポリタン」。ほどなく、カウンター席に通される。ナポリタンを注文。5分ほどでやってきました。スープと黒豆の小鉢が付いている。

けっこう汁気が多い。ここのナポリタンは当然のようにお箸でいただく。こんもり盛り上がった麺の小山の頂上には温卵が割り入れられている。独特なビジュアル。お願いすれば温卵は目

鶴亀飯店
東京都足立区千住仲町19-5
JR北千住駅から徒歩6分
【鶴亀式ナポリタン 950円】

北千住駅から歩いて５分ほどの場所にある「鶴亀飯店」。ランチ時は行列必至の人気店だ

かなり独特なビジュアルの「鶴亀式ナポリタン」。人気のメニューのようだ

玉焼きになるのだろうか、そんなことを考えながら黄身を崩す。麺は中華麺。ナポリタンの必須具材ともいえるピーマンはちゃんと入っている。あとは海老などの海鮮が中心。エビチリっぽい味付けのソースだけれど、初めて味わう。これはおいしい。尻上がりにおいしくなっていくかんじだね。

ラブホ街・鶯谷《うぐいすだに》のナポリタンを食べ歩く

　山手線の駅のある街はどこも個性的だが、鶯谷駅はとくに他の駅とは変わっている。鶯谷駅の北口を出ればラブホテル街が広がり、近くには何軒か飲み屋が並んでいるが、その中でも鶯谷を代表する店といえば**「信濃路《しなのじ》 鶯谷店」**だ。24時間営業で、朝から酒を呑んでいる客がいる。

　この店は、驚くほどメニューが多い。呑んでいる人がほとんどだが、食事だけの客もいる。厨房の中は外国人とおぼしき若者が数人。呑みの〆にオススメなのがオムライス、600円。ここのオムライスはよく炒められていて、なかなかおいしい。

　ナポリタンも人気で、こちらは茹で上げたスパゲティにソースをからめたものになっている。呑みの〆としては、炒め系よりもこうしたソースっぽい方がいいのかもしれない。タバスコと粉チーズもマスト。そして、当然のようにナポリタンに味噌汁が付いてくるのも素敵だ。ちなみにフォークが刺さって提供されるのも鶯谷風。

＊

　鶯谷駅の南口は昭和の駅舎のようなたたずまいで、小さなロータリーがあり、タクシーが客待ちをしている。かつては蕎麦屋が1軒あったが、今は閉店し、その場所は更地になっている。南口を出て右へ行けば上野公園がある。

信濃路 鶯谷店
東京都台東区根岸1-7-4元三島神社1F
JR鶯谷駅から徒歩1分
【ナポリタン 650円】

元三島神社の真下（1F）にある24時間営業している同店。24時間ナポリタンがいただけるのだ！

汁気の多いナポリタン。市販のソースかもしれない、どこかで食べた記憶があるような味だ

左に行けば、線路をまたぐ橋を渡り、これまた時代を感じる階段を下りると、午後3時半に店を開ける立ち呑みの焼き鳥屋「ささのや」がある。その先へ歩けば言問通りに出る。この言問通り沿いに**「コーラル」**という喫茶店がある。

この店でチェックしてほしいのが、ナポリタンの食品サンプルだ。昔はよく見かけた、スパゲティをつかんでいるフォークが宙に浮いているアレだ。最近は見かけるところが少なくなってきた。

ナポリタンは食品サンプルとは少し違い、四角い皿で登場した。スープを入れるカップのような器に味噌汁が入っている。それからサラダも添えられている。大きめに切られたハム、タマネギ、ピーマンなどの具材が入り、ケチャップ味は強めではなく、やさしい系で、タバスコがよく合う。

＊

言問通りを渡って左に折れると、ビルの2階に**「レストランQ」**という洋食屋がある。看板に「下町の味」とある。なぜQなのか。子どもの頃テレビで観た『ウルトラQ』を思い出す。

メニューを見るとナポリタン単品900円、ハンバーグナポリタンのセットも900円とある。そのほかに「2つ選び」というのがあって、11種類の中から2つのメニューを選ぶこともでき、ここにもハンバーグとナポリタンがある。どっちにするか迷ったが、セットにしておこう。

この日は先客1名、サラリーマン氏で、「Qスペシャル」というハンバーグ、ポークソテー、カニクリームコロッケのセットを食べていた。これもおいしそう。

6分ほどで、おやっ、まずはライスがきた。そして、目玉焼きがのっかっ

レストランQ
東京都台東区根岸3-6-3エビハラビル2F
JR鶯谷駅から徒歩４分
【ナポリタン 900円】
【ハンバーグナポリタンセット 900円】

コーラル
東京都台東区根岸1-2-19
JR鶯谷駅から徒歩3分
【ナポリタン 950円】

下町の洋食屋さん、単品よりも付け合わせ的なナポリタンがおいしかった！

喫茶店のナポリタンだけれど、家庭的な味わいだ。四角い皿、スープカップに入ったみそ汁もいい！

たハンバーグ、ナポリタンが添えられている。ああ、そうかぁ。メニューをよく見ると、セットも2つ選びもライスが付くのだ。忘れてたよ、おかずとしてのナポリタン。

以前、このお店で単品のナポリタンを食べたことがあるが、それよりも濃い味付けがされている。オン・ザ・ライスしながらいただこう。ああ、うまいなぁ。おかずとしてのナポリタンを改めて堪能した。ボリューミーだ。

会計のときに「レストランQ」のQはどういうことなのかを聞いてみた。「クオリティ（quality）です」とのこと。なるほど、クオリティ高いハンバーグナポリタンでした。ご馳走様。

インパクトあり過ぎな超やわやわ麺！

鶯谷駅から歩いてすぐ、尾久橋《おぐばし》通りにある「世茂利奈《せもりな》」さんのことをすっかり忘れていた。台東区へ引っ越してくる前からこちらのお店は知っていて、機会があればぜひうかがいたいと思っていた。ツタに覆われている外観といい、漢字で書かれた「世茂利奈」という店名も個性的だ。カレーとスパゲティの店のようだ。

平日のお昼過ぎに訪問。先客は自分と入れ替わり会計をして出て行った高齢の男性が1名だけ。後客はなかった。店内を見れば、テーブル席がいくつかある。厨房は入り口に近い場所にあり、その前にカウンター席がある。そこには手書きで「禁煙席」と書かれた紙が貼られていたので、カウンター席に着席。

壁には額に入れられたメニューがある。先ほどの客の皿を下げている店主に「ナポリタンください」とお願いする。店主はかなり高齢に見える。水と袋入りのおしぼりが提供される。

世茂利奈
東京都台東区根岸2-15-7
JR鶯谷駅から徒歩3分
【ナポリタン 600円】

僕のナポリタン行脚のなかでもかなり衝撃的なナポリタンだった。やわうどんならぬ「やわナポリ」だった

厨房で店主が料理をし始めた。しきりに鍋の中の様子を見ているが、なかなか料理が出てこない。なんと20分ほどかかり、やっと着皿。

ナポリタンはちょっとだけ深い皿に入っていて、コーヒーカップに入ったコンソメスープとともに提供される。タバスコの瓶は金属製のホルダーに入れられている。初めて見たが、これだと誤って倒してしまうことはなさそうだ。粉チーズは喫茶店で砂糖を入れてある容器に入っている。スプーンですくって粉チーズをかけるスタイル。

さて、ナポリタンのビジュアルを見てみよう。麺の太さは中太麺。海老が入っているのがわかる。細長く切られたハムが入っているので洋食系だろうか。赤パプリカも入っている。

いただいてみよう。むむむっ、超やわやわだ！　自分がこれまで食べてきたスパゲティでいちばん柔らかい。この麺こそ超個性的だ。一口目は違和感だらけだったのだけれど、食べ進むとこれはこれでアリなんじゃないかと思うようになってきた。

ソースはトマトソースにケチャップ味。乾燥パセリがかけられている。粉チーズをたっぷりかけ、タバスコもかけてみる。そうするとさらにおいしくなる。それにしてもこの麺はインパクトあり過ぎだろう。なんともナポリタンの多様さを感じた。

鶯谷の「純洋食」でいただく ナポリタンは旨さ絶妙！

鶯谷駅からほど近い場所、根岸3丁目にあるのが「グリル　ビクトリヤ」。到着すると、2組4名のお客さんが店前にいらっしゃる。さすがにメディアでよく取り上げられている人気店だけのことはあるね。皆さん並んでいないのは、表の紙に名前を書いておくスタ

鶯谷駅からすぐの路地にはラブホテルが建ち並んでいて、エネルギーを感じる街だ

イルだからだ。僕も1名とし、名前を書く。

あらためて店舗の外観を見ると「純洋食」という看板が掲げられているのが目に入った。「純喫茶」というのはこれまでも何度か見たが、純洋食ってなんかすごい迫力だなぁ。ほどなく、店内へ呼ばれた。カウンターでもいいかと訊かれ、もちろん大丈夫。むしろその方がいい。気を使わなくでいいし、厨房なども見える。

カウンターの前にはお客さんに提供するお料理が並べられている。そのほとんどは、名物のしょうが焼きのようだ。ランチメニューを拝見。スパゲティーランチというのが1000円で提供されている。バジリコ、ナポリタン、ミートソースのどれかを選ぶようだ。もちろんナポリタンをお願いする。

サラダが来た。キャベツの千切りにポテトサラダが少し。このサラダをいただいて、ああ、そうか、このお店はおいしいぞと思った。丁寧に切られた千切りキャベツにかけられたドレッシングが何気ないのだけれど、絶妙の旨さ。ポテトサラダも素晴らしい。厨房がご主人、ホールが奥様だろうか。厨房には学生のアルバイトっぽい女性もいた。

ナポリタンは想像通りおいしかった。麺は普通の太さで、茹で置きされたもの。具材はピーマン、タマネギ、トマト、ベーコン。とにかく、ソースがおいしい。トマトソース寄りなんだけれど、奇をてらわず、どこか懐かしさも残しつつ、旨味もたっぷり。おいしくいただき、セットに付いてくる飲み物はホットコーヒーをお願いした。

コーヒーをほとんど飲み終わったところで、カバンの中の財布を探すもない。あ、忘れた。血の気が引くかんじ。財布を忘れたことを告げると、それま

グリル　ビクトリヤ

東京都台東区根岸3-12-18博俊ビル1F
JR鶯谷駅から徒歩3分
【ナポリタン 800円】

店の前にある紙に名前を書いておくシステムだ。人気店だけに昼時は待ち時間はけっこうあるね

何気ないナポリタンだけれど、丁寧でやさしい感じにあふれているせいか、粉チーズとタバスコが合う

でにこやかだったホールの女性の表情が急に悲しそうになった。「家は近くなのですぐに持ってきます」と言うと、名前と電話番号を聞かれた。僕はすぐに家に向かう。

実は僕、ＡＤＨＤ（注意欠陥・多動性障害）のため、こういうことはよくある。わかったのは、49歳で結婚した直後だ。奥さんから病院で診断してもらわないと離婚すると言われ、よくわからないまま専門の病院を受診した。診断結果はＡＤＨＤということだったが、忘れ物をしたり、時間管理ができなかったりするのはこのせいだそうだ。僕自身は単にそういうパーソナリティかと思っていた。そういえば昔から家の鍵もしょっちゅう行方不明になり、一人暮らしのときはかけずに出かけることも多かった。

しかし、結婚し2人で暮らすとそうもいかない。ところが、これは意外な方法で解決した。ドアの内側に妻が鍵のイラストを描いた絵と磁石でくっ付くフックを貼り付けてくれた。出かけるときは、ここから鍵を取って施錠し、帰宅したら鍵をこのフックにかけておけば、鍵が行方不明になることはない。

ただ、財布はよく忘れる。すぐに家まで取りに帰り、代金を届けると「絶対に戻ってこないと思った」と言われることが多い。世の中にはわざとこの手を使って無銭飲食をしている人が多いのだろう。だから、こちらの女性が悲しい表情をされたのもよくわかる。

というわけで、家まで小走りで向かう。「走れ！　マグロ」。何度か心でそう叫んだ。歩けば7分。往復で14分だ。なんとか財布をピックアップし、再びビクトリヤへ。すでにお店は休憩されていて、いらっしゃったのはご主人だけ。１０００円を支払う。ホッとした。

デンキヤホール

東京都台東区浅草4-20-3
つくばエクスプレス浅草駅から徒歩10分
【ナポリタン 650円】

昔のゲーム機などが置かれていて、どこか懐かしいデンキヤホールはナポリタンも懐かしい味だね

まだまだあった近所の個性的な店

２０１７年の秋、駒草出版の杉山君からこの本の企画の話が電話であった。近所にも、個性的なナポリタンを出している未訪問の店がまだまだあることに気がつき、それからというもの慌てて日々食べに出かけた。

創業して１００年以上という浅草の「デンキヤホール」もそのひとつだ。焼きそばや、その焼きそばをオムライスのように包んだ「オムマキ」というメニューが有名らしい。

時刻は13時20分。奥へどうぞと言われ、奥の2人席のテーブルに着席し、ナポリタンを注文。ここは昔ながらの卓上ゲーム機がある。そういうのを目当てに来るお客さんもいるようだ。

ナポリタンが到着。麺は細めだが、ピーマンのその存在感がハンパない。ピーマンの緑色がいいアクセントになっている。フォークで麺を少しクルクル巻いて、口に運んでみる。昔、デパートの食堂に入ったときに感じた香りと同じものを感じた。これはなんの香りだろうか。バターとその他いろいろなものが混ざり合った懐かしい香りだ。

麺はコシがあり、おいしい。この旨さはなんなんだろうか。ずっと考えながら、完食。たとえて言えば、香ばしい、屋台の焼きそばのナポリタン版とでも言えばいいだろうか。かなりレベルが高い。極私的ランキングに入れてもよかったかな。

＊

喫茶店、洋食店、居酒屋でナポリタンを食べてきたが、新しいジャンルの店でもナポリタンを出していることに気がついた。それが入谷の金美館《きんびかん》通りにある「入谷キッチン&バル」だ。表にナポリタンの写真があった。「懐か

入谷キッチン&バル
東京都台東区入谷1-23-2
東京メトロ入谷駅から徒歩3分
【ナポリタン 750円】

金美館通りにある比較的新しいお店。つくっている人も若いので、ナポもけっこう濃厚な味に仕上がっている

かなり濃いめの味付けのナポリタン。メニューにはハーフサイズもあった。酒の〆にもアテにもあるナポですな

しい味」とある。

ビールを飲みながらナポリタンをいただいた。粉チーズは最初からかけられている。タバスコは提供されるのかもしれないが、ひとくち食べてみるとその必要性を感じなかった。ねっとりとした濃厚な味わいだ。キッチン&バルというだけあって、ナポリタンのハーフサイズもあった。まさに酒の肴としてのナポリタン、あるいは呑んだあとの〆のナポリタンということになる。

＊

言問通りをさらに浅草方向へ歩くと、「とみー」という喫茶店がある。インコが店内を飛んでいる不思議な喫茶店だ。我が家から近いということもあって打ち合わせなどによく使っている。こちらのナポリタンは海老が入ったトマトソース系でなかなかおいしかった。

もう一軒、我が家からほど近い、千束2丁目の喫茶店「汀《なぎさ》」でもナポリタンをいただいた。ナポリタンはランチタイムはドリンク付きで900円、通常は単品で750円。こちらのナポリタンは具材は多め、縦切りにしたウィンナー、ピーマン、タマネギ。よく炒められている。おいしいのだが、個人的にはちょっとこのタイプには飽きてきたかな。

＊

上野の昭和通りから浅草方向へのびる道を「合羽橋《かっぱばし》本通り」という。この通りを上野側から歩き、清洲橋通りを越えたところに「KENT（ケント）」という、実に歴史のありそうな外観の喫茶店があった。この店にはナポリタンの他に〝イタリアン〟というメニューもあった。ここのナポリタンはケチャップ味ではなくトマトソース味で、イタリアンは胡椒の効いた塩味のスパゲティだった。「珍しいですね」とお

汀
東京都台東区千束2-28-6
東京メトロ入谷駅から徒歩6分
【ナポリタン 750円】

とみー
東京都台東区松が谷4-27-16
東京メトロ入谷駅から徒歩5分
【ナポリタン 750円】

老舗の喫茶店「汀（なぎさ）」。ナポは典型的な喫茶店ナポリタンの味だった。過不足ない感じ

けっこう老舗の喫茶店でナポリタンには海老が入っていた。やさしめの味わいだ

店の方に言うと、料理の本にも載っていると見せてくれた。

しかし残念ながら「KENT」は2018年10月に閉店した。40年以上の営業に幕を閉じたのだ。町中華同様に喫茶店もどんどん閉店していく。

謎のメッセージ「イタリー製と同じです」

通称「おとりさま」として親しまれている鷲《おおとり》神社の近くに、**「キッチン日の出」**というおばあちゃんがやっている洋食屋がある。住所は台東区千束3丁目で、最寄り駅は入谷駅だが、駅からはけっこう歩く。

こちらのお店、外観が個性的でなんとも素敵。オレンジ色と黄色の縞模様のテント。その上には看板が取り付けられている。黄色い地に赤い文字で「名物かつ」と大きく書かれ、その下にはやや小さく黒い文字で「専門店」とある。木製の扉には縦長のガラス部分があり、そこには白いレースのカーテンがあり、中は見えない。

扉を引いて中に入る。店内は想像以上にクラシカル。昭和サイズのテーブルに椅子。カウンター席もあるけれど、狭い。先客はいない。迎えてくれたのは店主のおばあちゃん。案内された4人掛けのテーブルへ着席。

メニュー表には「名物」というコーナーに「おすすめ品　カツ定食　ロース　味噌汁　おしんこ付き」、「ヒレカツ定食　脂を控えたい方に」、「トンカツライス　ボリュームを求める方へ」といったかんじで並んでいて、ナポリタンは「スパゲティとサラダ」というコーナーの最初に載っていた。

「ナポリタン　イタリー製と同じです　¥700」とある。イタリー製と同じというのは、どういうことなんだろうか。そのまま解釈すれば、イタリアで

キッチン日の出
東京都台東区千束3-11-5
東京メトロ入谷駅から徒歩10分
【ナポリタン 700円】

KENT（稲荷町）
現在閉店

おばあちゃんひとりでやってる洋食店。ナポはいいかんじだが、最近、長期休業してるのが気になる

今はもう店を閉めてしまった喫茶店「ケント」。若い男性がつくっていたナポはトマトソース味だった

出されるナポリタンと同じですよ、ということなんだろう。とにかく注文。おばあちゃんはカウンターの向こうにあるキッチンへ向かう。しばらくするとナポリタンを炒める音が聞こえた。よく炒められているようだ。

　ナポリタンが到着。ケチャップだけではない、デミグラスソースも入っているような色合い。茶色系のナポリタン。粉チーズとタバスコも一緒に提供される。一口いただくと、なるほど、濃いめかなと思ったが、そんなに濃くはない。やさしい味だ。たぶん、タバスコが合いそう。

　おやっ、見慣れたタバスコの容器に入っているのは、透明な液体だ。なんだろう、ちょっと手の甲に出して舐めてみる。風味はないが辛みはある。これもタバスコの一種だろうか。まあ、大丈夫っぽいのでふりかけていただいた。タマネギ、ソーセージなどの具材もいいかんじ。

　食べながらカウンターの席に座っているおばあちゃんに「三島屋さん、けっこう長い間休んでいらっしゃいますね」と聞いてみた。「三島屋」というのは、この近所にある甘味処で、お好み焼き、もんじゃ焼き、焼きそば、今川焼、たこ焼きなどをテイクアウトできて、店内でも食べられるお店だ。某グルメサイトの取材で何度か訪れてみたのだが、ずっとお休みしていた。どうやら外壁塗装のため長期の休業をしているようだった。

「あら、そう。お休みしてらっしゃるの、知らなかったわ」とおばあちゃん。

「何度か前まで行ったのですが、ずっと閉まっていて」

「私もさ、おとりさまの日（酉の市）は忙しすぎて、疲れちゃって次の日は休んじゃったわよ」

　しばらく与太話に花を咲かせた。お会

「キッチン日の出」の割り箸でいただくナポリタン。ビジュアルは濃厚そうだが、意外にやさしい味だった。おいしいよ！

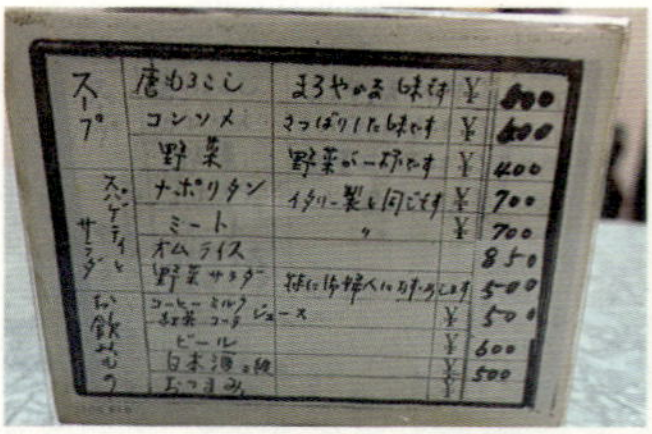

メニューの説明書きのところに「イタリー製と同じです」とあった。本場イタリアと同じということか

計をして、また来ますとお店をあとにした。

1週間後、もう一度ナポリタンを食べようと店の前まで行ったが、店は閉まっていた。おばあちゃんまた疲れて、お店を閉めているのかなと思った。貼り紙があった。「回覧板　魚善さんに回してください。お願いします」と書かれている。魚善さんは隣の飲食店だ。その後も何度かうかがったが、貼り紙はそのままで、店を開ける気配はない。ちょっと心配だ。

入谷なのに「トロント」の濃厚ナポリタン

言問通りを入谷方面へ歩き、昭和通りを越えたところに**「トロント」**という喫茶店がある。入谷駅の1番出口からすぐの場所にある。なぜ入谷で「トロント」という名前なのか、カナダの都市トロントとなにか関係があるのだろうか。ネットの情報などによれば昭和、平成、令和と50年以上続く老舗喫茶店だ。

午後1時過ぎに到着。ちょうど2人掛けのテーブルがひとつだけ空いていたので着席。その後もひっきりなしにお客さんがやって来るが、回転は早いので、それを知っている人は表で待っている。

お水とおしぼりが提供される。ナポリタンを注文。ほどなくタバスコと粉チーズが提供された。粉チーズは塩などが入っている金属製の器に似ているけれど、出口の穴が大きめになっている。このタイプは初めてだな。いいかんじ。と、3分後に卵スープ、ミニサラダ、ナポリタンが登場。そして、なんとトーストが付いている。小さめのものが2枚。バターが塗ってあった。ときどき喫茶店系のナポリタンにはこうしてパンが付いてくることがある。

トロント
東京都台東区入谷1-6-16松田ビル1F
東京メトロ入谷駅から徒歩3分
【ナポリタン(セット) 900円】

入谷駅からすぐの場所にある老舗の喫茶店。ランチ時は行列もできるほどの人気店なのだ

スープ、サラダ、パンが付いていてかなりゴージャスなランチセットのナポリタン。味は懐かしい系だった

品数が多くてテーブルいっぱいだ。

ナポリタンの麺は細麺。ちょっとアルデンテ気味でコシのあるタイプ。具材はハム、ピーマン、タマネギ。きざみパセリがかけられている。フォークで麺を持ち上げてみる。けっこう量がある。ひとくちいただけば、バターの香りが広がった。ちょっとオイリーで濃厚なナポリタンだ。思わずパンに手が出る。スープやサラダには合うかんじだ。一度食べたら忘れられないタイプで、たぶんハマる人はハマるだろうね。けっこう独特。ボリュームも結構ある。

お会計のときに、こちらのお店の名前はなぜ「トロント」なのかを聞いてみた。すると、喫茶店あるあるだった。以前この場所はトロントという旅行代理店があったそうだ。その後喫茶店をやるとき、看板をそのまま使ったので、この店名になったそうだ。

生パスタ専門店でいただくナポリタン

こちらも自宅から割と近所、東上野5丁目にある「エピナール」だ。生パスタ専門店。店頭にあったメニューを見れば、トマトベースというジャンルが最初にあり、そのいちばん上がナポリタン850円とある。

こういったパスタの専門店でもナポリタンが提供されるようになったのだと感慨深い。バブル期の前後、スパゲティ専門店にナポリタンはなかった。ボンゴレやペスカトーレなどのイタリアンなメニューと和風のスパゲティ、たとえばウニだとかイカ納豆などがメニューに並んでいて、ナポリタンはなかったのだ。

というわけで、入店してナポリタンを注文。生パスタって何度か食べたことがあるけれど、個人的にはそんなに

エピナール
東京都台東区東上野5-23-2かしわせビル1F
東京メトロ稲荷町駅から徒歩5分
【ナポリタン 850円】

「エピナール」のメニューはソースの味別に分かれていて、トマトベースの最初にナポリタンがあった

本格的なイタリアンというかんじでおいしくいただいた。いわゆるケチャップ味のナポリタンではないね

得意ではない。

稲荷町駅近くにもう一軒、生パスタのチェーン店があった。「グランパスタ」というお店で、稲荷町店は立ち食いのまさにロメスパ店だったが、そこへ行くと、なんと閉店していて、近くの**「グランパスタ　ホテルエミット上野店」**になったとのこと。なるほど、ホテルの一階に店舗があった。

ナポリタンはなんと539円。安い。食券を買うシステムだ。大盛りの表記はないけれど、Wパスタというのが大盛りだろうか。

立ち食いではなくちゃんと椅子がある。午後1時をけっこうまわっていたが、先客は3名。全員が若い女性だった。

ナポリタンをポチッとな。食券を渡すと番号で呼ばれるシステム。ほどなくして、僕のナポリタンが出来たことが知らされるので、取りに行く。テーブルに持ってきて、フォークを入れれば、生パスタだけあって麺全体がくっついている。うまくフォークをクルクルしてパスタを巻きつける。熱い！

けっこう生麺にも慣れてきたかも。おいしいぞ。半分いただいたところでけっこうおなかいっぱい。でも、ちゃんと完食できた。

浅草の喫茶店でいただくナポリタン

浅草界隈に喫茶店は多い。奥浅草と言われる地域にあるのが有名な**「ロッジ赤石」**だ。何度かこの店を訪れたことがあるが、芸能人らしき人を何度か見かけた。テレビで見たことがあるけれど、名前が出てこないタレントさんなどだ。そういう人たちが普通に座ってサンドイッチを食べ、周りの客も別段、タレントだからと騒ぐこともないのがこの店の特徴だ。

ロッジ赤石
東京都台東区浅草3-8-4
つくばエクスプレス浅草駅から徒歩7分
【ナポリタンスパゲッティー　800円】

グランパスタ ホテルエミット上野店
東京都台東区東上野4-1-1
東京メトロ稲荷町駅から徒歩3分
【ナポリタン 539円】

この日は付け合わせにきんぴらごぼうだった。これぞ喫茶店のナポリタンといえる味だったね

生パスタのナポリタン。かなりおいしかったが、うれしいのは値段がけっこう安かったこと

昔ながらのナポリタンを食べさせることでも有名だ。具はハム、ピーマン、タマネギ、マッシュルームと王道。ケチャップ味がけっこう強くて懐かしいおいしさだ。それを提供された粉チーズ、タバスコで自分なりの味をつくっていくという楽しみもある。ここはナポリタンもおいしいけど、他の料理もどれもレベルが高いと思う。

「パリジェンヌ風　ヌイユ」という聞きなれないメニューもある。幅広のモチっとした食感のパスタに海老、イカ、マッシュルーム、ピーマンなど具材たっぷりで炒められている。味付けは塩味だ。塩焼きうどんといってもいいかもしれない。

＊

浅草寺からすぐのエリアにあるのが「珈琲　アモール」。住所は浅草1丁目。平日昼にうかがったがけっこう混んでいる。観光客の方もいるが、多くは地元のお客さんだ。

4人席に通された。メニューを拝見。スパゲティーと書かれた欄には3種類。ナポリタン、ミートソース、和風。「ナポリタン　Neapolitan」とあり、外国人観光客向けだろうか、英語での説明があり「Japanese tomato sauce spaghetti」と書かれている。やはり、ナポリタンは日本風のトマトソースなのだ。ミートは「Meat sauce spaghetti」で、和風は「Japanese spaghetti（Soy sauce with simeji mushroom）」と書かれている。

タバスコ、粉チーズ、フォークがセットされ、やって来たのがナポリタン。ちょっと茶色がかっているのは、デミグラスソースが加えられているからだろう。麺が焦げている部分もあり、しっかり炒められているのがわかる。いただいてみると、なるほどねっとりした味わいは、洋食系でもある。

珈琲　アモール
東京都台東区浅草1-36-11
東京メトロ浅草駅から徒歩3分
【ナポリタン　800円】

まさに昔ながらの老舗喫茶。ナポリタンもおいしいのだけれど、モーニングも間違いない！

よく炒められていてケチャップ味がおいしいナポリタンだ。客のナポ率が高いのはTVで取り上げられたからか

＊

千東公園の近く、曙湯というなんともいいたたずまいの銭湯がある。入り口のところの上部に藤棚があり、ゴールデンウイーク前あたりはきれいに花が咲く。その斜め前にあるのが、「JOY（ジョイ）」という昔ながらの喫茶店だ。

うかがったのはお昼時、驚くほどお客さんの年齢層が高い。おひとりさまが中心。そして喫煙率も高く、かなりモクモクしている。

というわけで、ナポリタンを注文。ここのナポリタンは海老が入っている。昔ながらの喫茶店には海老が入っていることが多いね。なかなかおいしいのだけれど、やはり煙草の煙が気になり、ナポリタンに集中できなかったのが残念。喫茶店にしろ町中華にしろ、昭和からやっているところはたいていどの席にも灰皿があるね。

王城、丘、そして古城！上野ゴージャス喫茶御三家

上野というと喫茶店発祥の地だそうだ。そんなわけで、喫茶店が多い。しかも、どの喫茶店も個性的だ。

1章の極私的ランキングでも紹介した「王城」（24ページ）は、マルイシティ上野店東側約400メートルにおよぶ「ユースロード上野」にある。上野駅方面から歩いてみると上野駅前郵便局があり、その先に「珈琲 王城」という紫色の看板が見えてくる。「王城」からほど近い場所にもうひとつランキングに入れた喫茶店「丘」（22ページ）がある。上野御徒町中央通りにあり、看板には「純喫茶　丘」とある。

純喫茶とはなにか。今の若い人は知らないだろう。僕の世代でもよくわからない。では、純ではない喫茶店とはどういうところなのかということにな

JOY
東京都台東区浅草3-37-6
つくばエクスプレス浅草駅から徒歩10分
【ナポリタン　780円】

老舗の喫茶店だから仕方ないけど、喫煙者が多いね。けっこう近隣の常連客で賑わっていた。客の年齢層は高い！

ランチタイムはけっこうナポリタン押し。なるほど海老が入っていて、けっこう力が入ってるね

る。それは「特殊喫茶」のことだ。

特種喫茶はカフェーといい、アルコールを置き、ホステスに接待をさせる風俗店だった。これに対して、純粋にコーヒーなどを出すだけの喫茶店を、風俗店と区別する意味で純喫茶と称したらしい。

実はこのことは最近ネットで知った知識だ。僕が学生だった70年代から80年代も純喫茶というものはずいぶんあった。しかし、カフェーはもうなかったので、純喫茶は、たとえば音楽喫茶やジャズ喫茶のように音楽を聞かせたりする喫茶店とは違うという意味かと思っていた。しかも、料理などは置いていなくて、喫茶というか飲み物だけだと思っていたのだが、それは僕の勘違いだった。

さて、極私的ランキングには入れてはいないが、実はもう1軒、最強の喫茶店が上野にある。「高級喫茶 古城《こじょう》」だ。僕は「丘」「王城」「古城」の3つの喫茶店を「上野ゴージャス喫茶御三家」と呼んでいる。その中でも、いちばんゴージャスな雰囲気なのがこちら「古城」なのだ。なんせ、看板にもあるように高級喫茶だからね。

以前行ったときはナポリタンがドリンク付きで1180円だった。高級だ。しかし、どんなナポリタンだったか忘れてしまったので、再び行ってみた。

2019年5月、激しい雨が降った日にうかがった。おや、値段が安くなっている。ドリンク付きで1080円だ（現在は1100円）。お昼時で、お客さんはいっぱいだが、それ以上にキャパがあるので、ゆったりしている。ひとりでも2人席や3人席に案内され、ゆったり座れるのがうれしいね。

ナポリタンを注文。ミニサラダが提供され、粉チーズとタバスコ、紙ナプキンも届く。テーブルもゆったりで、

高級喫茶 古城
東京都台東区東上野3-39-10 光和ビル B1F
JR上野駅から徒歩2分
【ナポリタン(ドリンク付)　1100円】

高級喫茶というだけあって、椅子やテーブルはゴージャス。時間がゆっくり流れていく感じだ

細麺でトマトソース強めのナポリタンはけっこうおいしかった。ゆったりいただけるのがいいね

書類を広げて作業なんかしても快適な広さだ。で、やって来たナポリタンは、なんと細麺。具材はハムやピーマンなどは細かく刻まれている。高級感はあまりないのだが、いっしょに運ばれてきたフォークとスプーンが持ち手のところに紋章のようなものがついている。

味はけっこう独特で、ケチャップ味は弱めでトマトソース感があり、高級な感じがした。ドリンクはホットコーヒーにした。ゆっくり時間が流れていくね。喫茶店のナポリタンを考えると、ただ単においしいというよりも、どういう環境でいただけるかというようなことも重要かと思われる。

ナポの名店だった「六曜館御徒町店」は今……

ナポリタンのおいしいお店としてよく紹介されるのが、御徒町駅からほど近い上野5丁目のビルの地下1階にある喫茶店「六曜館」だ。

以前いただいたことがあるのだが、ナポリタンの上に半分に切ったゆで卵がのっかっているのが特徴的。あんかけパスタのようにトマトソースが麺にまとわりついていて、ねっとりした味わいで好きだったのだが、2019年10月31日をもって、ついに閉店となってしまった。ファンも多い店だっただけに本当に残念だ。

しかし、実は「六曜館」という喫茶店はもう一軒ある。住所は東上野2丁目。もともとこちらが本店で、こちらで働いていた方が、のれん分けでさきほどの「六曜館」を創業されたそうだ。

ただ、エリアがかぶっているので、「食べログ」などのユーザーも区別がつかず、さきほどのナポリタンがこちらのお店のものとして投稿されていたりする。実はこちらでは今もナポリタンを出しているのだが、こちらもおす

六曜館（御徒町店）
現在閉店

六曜館（本店）
東京都台東区東上野2-14-1江口ビル1F
JR御徒町駅から徒歩6分
【ナポリタンセット　900円】

表のホワイトボードにその日のサービスメニューが出ている。ナポリタンと書かれていたら迷わず入店だ

東上野2丁目の「六曜館」は本当に家庭でつくるようなナポリタンで、おいしかったね。野菜などもたっぷり入っていたよ

すめ。

表のホワイトボードに今日のサービスメニューというのが出されるのだが、ここにナポリタンが出たら迷わず入るべし。先に書いた上野5丁目の「六曜館」のナポリタンとはまた違っていて、こちらは家庭風のナポリタンだ。カウンター奥にある厨房で店主の女性がつくるナポリタンは、いわゆる喫茶店のナポリタンではなく、家庭の味なのだ。お母さんがささっとつくってくれるスパゲティメニューといえる。

スパゲティにはスープかサラダが付く。僕はサラダを選択した。カウンターの奥の厨房から炒め音が聞こえてくる。しかし、短い。あっという間に皿に盛られている。

大きめに切られたピーマンやタマネギなどがたっぷり。ソーセージも入っているね。いただいてみると、ちょっと薄めの味付け。タバスコと粉チーズがとても合う。どちらもたっぷりかけていただく。これはこれで、アリだと思う。

近所ではないけれど印象に残った店いくつか

近所ではないけれど、いくつか印象に残った喫茶店のナポリタンをメモ的に記しておこう。北千住を歩いているときに出くわしたのが「マイウェイ」という喫茶店。店名からして昭和の喫茶店だ。

中に入ると椅子やテーブルや仕切られている壁などが昔ながらの雰囲気だ。ランチのセットメニューが並んでいる。「トースト」「ミックスサンド」「焼きそば」「ナポリタン」「ピラフ」。それぞれにコーヒーか紅茶が付くセットとなっている。トーストだけが650円で、あとは750円だ。もちろん、ナポリタンをいただいた。

マイウェイ
東京都足立区千住3-68
JR北千住駅から徒歩4分
【ナポリタン(セット) 750円】

散歩の途中で見つけた「マイウェイ」。本当に昔ながらのいい雰囲気の喫茶店だった。こういうお店は落ち着くね

なんと生のトマトがのっかったナポリタン。ビジュアルは衝撃的だったけど、とてもおいしかった

やってきたナポリタンの山頂には、切られた生のトマト、その下にはロースハムがのせられていた。珍しいビジュアルだ。ロースハムもいっしょに炒められているのではなく、あとからのせているのだ。なるほど、生のトマト、合うね。ときどき喫茶店のナポリタンもこんな変化球があるからこそ、食べ歩くのが楽しくなる。

*

散歩エリアとして人気の谷根千の不忍通りに「ノッポ」という喫茶店があって、ここには「昔ながらの喫茶店のナポリタンあります」という手書きの大きな看板が置かれている。店は地下にある。ランチのピークは過ぎているがお客さんはひっきりなしに入ってくる。たいていは常連さんらしく、近くで働いている人たちだ。

サラダと味噌汁が付いている。なるほど、懐かしいナポリタンだ。ピーマン、タマネギはもちろんウィンナーとハム両方入っているのがうれしい。ドリンクが付いて980円だ。

*

肺炎で入院したのは永寿総合病院という東上野にある病院だったのだけれど、そこからほど近い場所に「音楽喫茶　銀河JOY」があった。入院中に病院近くを散歩しているときに見つけたのだけれど、ホワイトボードにナポリタンの文字があった。入院中は病院のご飯を食べなくちゃいけなかったので、退院したあと、うかがってみた。

音楽関係のイベントなども行われているのだろうか、独特のレイアウトだ。近隣のサラリーマンやOLさんで賑わっていた。ナポリタンを注文。出てきたナポリタンは、ピーマンが大きく切られている。場所によっては細い輪切りのところも多いのだが、こちらは大きい。サラダにスープ、ロールパンが

音楽喫茶　銀河JOY
東京都台東区東上野1-24-5
東京メトロ稲荷町駅から徒歩6分
【ナポリタン（セット）　900円】

ノッポ
東京都文京区千駄木2-11-17モンテベルデ千駄木B1F
東京メトロ千駄木駅から徒歩5分
【ナポリタン（セット）　800円】

大きく切られたピーマンが特徴的なナポリタン。ロールパンが付いてくるのがうれしいね

やっぱり、ナポリタンに味噌汁が付いてくるとホッとするね。想像通り、昔ながらのナポリタンだった

付いてくるのもいいね。ナポリタンはけっこう濃厚でねっとりしたソースがうれしい。最後、皿に残っているソースをパンですくっていただく。おなかいっぱいだ。

*

喫茶店というと、昔ほどではないけれど、煙草を吸う人が多い。煙草を吸わない僕にとって、おいしくナポリタンを食べるためには近くに喫煙者がいない方がいいわけだ。なるべく吸っていない人の隣あたりの席に座るが、あとから来た客が僕の隣に座って煙草を吸い始めるなんてこともある。なので、喫茶店では、なかなか落ち着いてナポリタンを食べられない状況になっている。そんなときにネットで完全禁煙の喫茶店が大塚にあるという記事を見たので、さっそく行ってみることにした。

JR大塚駅から少し歩いた大塚4丁目に「KONA（コナ）」という喫茶店がある。たしかに、禁煙と入り口に掲げられている。お昼のピーク時は過ぎていて、お客さんはまばら。メニューを拝見すれば、ナポリタンの単品もあるが、「ナポリタンロコモコ」という、ナポリタンの上にハンバーグと目玉焼きがのっかっているメニューがあったので、それをお願いした。

ほどなく着皿。ああ、やはりこれにしてよかった。同じ皿にサラダが盛られている。好きなスタイルだ。麺は細麺で、ハンバーグと目玉焼きをいっしょにいただくと、めちゃくちゃおいしい。食後のコーヒーもおいしくいただいた。

ケーキ屋さんまでが ナポリタンを出す時代

「ケーキ屋さんのナポリタン」と店先の黒板に書かれた文字に思わず目がと

KONA
東京都文京区大塚4-48-5
東京メトロ新大塚駅から徒歩4分
【ナポリタンロコモコ風　1150円】

やはり煙草の煙のない喫茶店はいいね。いい空気でいただくナポリタンロコモコはベリーグッド！

まった。我が家から近い場所にあるケーキ屋さん**「パティスリー ミエ シマムラ」**で、その存在は知っていたが、中で料理がいただけるとは知らなかった。吸い込まれるように店内へ。ナポリタンのすそ野が広がったとはいえ、ケーキ屋さんまでがナポリタンを出す時代なんだねぇ。やはり、みんなナポリタンが好きなんだ。

　ナポリタンを注文すると、「ドリンクはどうなさいますか」とお店の女性。この方がミエシマムラさんなんだろうか。ホットコーヒーをお願いする。

　注文から提供までけっこう時間がかかっているのは麺を茹でているからだろう。先に野菜スープがかわいい透明のカップで出された。と、20分ほどで着皿。具材たっぷり。粉チーズが白いココットに入れられて登場。おしゃれだ。タバスコではなく、メキシカンホットソースが添えられている。おお、これは新鮮。このところタバスコに飽きている自分としては、こういう辛みはうれしい。

　いただいてみると、普通の家庭でつくるナポリタンのようだけれど、それだけではない深みも感じる。大きめに切られた具材がおいしい。が、どのへんがケーキ屋さんのナポリタンなのかわからないまま食べ終えた。

　答えはすぐにやってきた。食後に、ロールケーキにフルーツがおしゃれに盛りつけられたデザートが出てきた。おいしいし、見た目にも美しい。さすが、ケーキ屋さんならではだ。

日本のバー発祥の地でいただく何気ない味のナポリタン

「神谷バー」の存在そのものはずっと前から知っていた。太宰治の小説『人間失格』に神谷バーの電気ブランが登場していたし、メディアなどでもよ

パティスリー ミエ シマムラ
東京都台東区入谷2-26-2井上ビル1F
東京メトロ入谷駅から徒歩3分
【ケーキ屋さんのナポリタンセット　1518円】

平日ランチ限定として「ケーキ屋さんのナポリタン」の文字に誘われて入店したら、大正解！

ケーキ屋さんのナポリタンだけあって、デザートがけっこう凝っているんだね。とてもおいしかった！

く紹介されていた。とくに日本で最初のバーがこちらお店だという。そんな知識はあったが、実際に訪問したのは散歩の記事を書くようになってからだ。浅草界隈で昔懐かしいスポットといえば、「神谷バー」ははずせない。実はここでナポリタンを食べたことはある。あまりにも何気ない味だった。

杉山君が本書について最終的な打ち合わせをしたいとのことで、じゃあ、場所は「神谷バー」はどうだろうかと提案した。

お昼過ぎにうかがったが、お客さんでいっぱい。ビルの1階が神谷バー、2階がレストラン神谷、3階が割烹神谷だ。1階はけっこう混雑していたので、2階でいただくことにした。

杉山君は電気ブランのオールド（380円）、僕はハチブドー酒の赤（360円）をいただく。どちらも甘いのね。

さて、ナポリタンはちょっと深めの皿に入って着皿。マッシュルームとハムというシンプルな具材。味付けもやさしめ。提供されたタバスコと粉チーズをたっぷりかけるとちょうどいい感じだ。杉山君も「何気ない味ですね」と言う。そう、何気ないんだね。基本中の基本というかんじなのかもしれない。昔懐かしいなんてよく口にしてしまうけど、こういう味付けこそが昔のナポリタンなのかもしれないぞ。

外に出るとこの日がお酉様《とりさま》だと気づき、鷲《おおとり》神社でお参りをした。酉の市発祥の神社だ。いいことあるかな。

別れ際に「神谷バーのナポリタン、どうだった？」と聞いたら、言葉に詰まる杉山君。そうだね、僕も思い出せない。店を出るとすぐに味を忘れてしまうようなナポリタンこそが、意外にいいナポリタンなのかもしれない……などというのはこじつけっぽいかな。

神谷バー

東京都台東区浅草1-1-1
東京メトロ浅草駅から徒歩0分
【スパゲティナポリタン　640円】

明治時代から続く、歴史のある神谷バー。昼間からお客さんで大盛況。日替わりのランチが人気！

深皿に入ったナポリタンはけっこうな量だ。味は何気なく、たっぷりの粉チーズとタバスコが合うタイプ

第3章

いかにして日本人のソウルフードになったのか
激動の〝日本ナポリタン史〟

粉チーズやタバスコをかけるのは〝アメリカ式〟

そもそもナポリタンは、いつ頃生まれた食べ物なのだろうか。

世界でのナポリタン発祥についてざっくり書かれているのが、『服部幸應の「食のはじめて物語」』（講談社）だ。これによれば、イタリア南部のナポリ地方では、トマトソースのスパゲティが食べられていた。ナポリからニューヨークに移民した人たちがおいしいトマトがなく、仕方なくケチャップで代用したスパゲティを食べていたのだが、これがおいしいとアメリカ中に広まった。そのナポリタンが進駐軍を通じて、日本に入ってきたということだ。

なるほど、日本ではナポリタンを注文すると粉チーズとタバスコがいっしょに出されるが、タバスコはアメリカで生まれた辛み調味料。名前こそメキシコのタバスコ州の名前がついているが、アメリカの会社がつくったものだ。

粉チーズはアメリカ発祥というわけではないが、たいてい日本で出される粉チーズはアメリカのクラフトフーズ社のものが多い。

やはり粉チーズとタバスコが提供されてこそのナポリタンだと思っている人は少なくないはずだ

家で食べるナポリタンと外食のナポリタンで決定的に違うのは、粉チーズとタバスコが出てくることだろう。これは僕が10代の頃からそうだった。

ＮＨＫのＢＳで放送されている『にっぽん縦断 こころ旅』という番組が大好きだ。俳優の火野正平が自転車で日本全国をまわるのだが、昼食を食べるところを火野正平自身が店の人に撮影の交渉をする様子がそのまま放送される。昔は、けっこう断られることも多く、それはそれでおもしろかった。

火野正平はいろいろな料理を食べるが、オムライスやナポリタンは好きで、ナポリタンの食べ方が独特だ。まず最初は普通に食べるのだが、次にタバスコをかけて食べる。そうすると必ず、ゲホゲホとむせるのだ。火野正平は毎回そうやって食べる。見ていると、不思議とこちらもわかってきて、おっ、タバスコをかけたぞ、むせるぞ、なんて思って見ていると、必ずむせるのだ。

日本のナポリタン発祥の地は横浜か？

横浜には〇〇発祥というのが多い。街を歩いていると、あちらこちらに〇〇発祥のモニュメントがある。鉄道、電話、救急車、写真、日刊新聞、西洋理髪、アイスクリーム、近代競馬、銀行、クリーニング、ビール、吹奏楽、ホテルとバー、警察署、テニスなどが横浜発祥だそうだ。そして、ナポリタンもここ横浜が発祥の地だった。

菊地武顕著『あのメニューが生まれた店』（平凡社）によれば、第二次大戦後にアメリカ軍が持ち込んだ兵営食を日本人シェフが進化させたことで誕生したとある。場所は、ホテルニューグランド。厚木飛行場に到着したマッカーサーは、まっすぐここにやって来たそうで、それから7年間GHQに接収されることになる。

進駐軍は、大量に持ち込んだスパゲティをケチャップで和《あ》えて食べていたそうだ。それを見た総料理長の入江茂忠が、トマトソースをベースにハム、マッシュルームなどの具材を入れた料理に進化させた。ナポリの屋台で売られているような料理に似ていたので、スパゲティナポリタンと命名したそうだ。

ちなみにプリンアラモードもこちらが発祥だそうだ。GHQの将校夫人たちのためのデザートとして考えられたのだとか。

というわけで、さっそく食べに行ってみた。みなとみらい線の元町・中華街駅から徒歩1分の場所にあるホテルニューグランド。立派なホテルだ。その1階にある**「ザ・カフェ」**というレストランでは、今でも発祥当時のナポリタンがいただけるらしい。

お店の方に「こちらが日本初のナポリタンを出したお店ですよね」とうかがえば、発祥はそれだけではないとのこと。ああ、プリンアラモードだなと思ったが、あともうひとつあるのだそうだ。それはシーフードドリア。

ナポリタンとシーフードドリアを注文した。両方ともとてもおいしい。ど

日本で最初にナポリタンを提供したとされているホテルニューグランド。今でもそのナポリタンがいただける

こか懐かしい、豪華な洋食という感じだ。ただ、ナポリタンはいわゆる一般的なナポリタンとは違って、本場のイタリアンという感じ。やはりケチャップではなく、トマトソースだからだろう。おいしいけれど、これがナポリタンかといった疑問も湧いてきた。

それでは、ケチャップ味のナポリタンはどこが発祥なのかといえば、これもまた横浜なのだ。それが**「センターグリル」**（38ページ）というお店。第1章の極私的ランキングでは4位に挙げている。

「センターグリル」のホームページによれば、創業は1946（昭和21）年。初代の石橋豊吉はセンターホテルで働いたのだそうだ。センターホテルとはホテルニューグランドの裏にあったホテルで、ホテルニューグランド初代料理長のサリー・ワイルはここを買収し、一時、オーナーシェフをやっていたわけだ。つまりこちらもホテルニューグランドの流れを汲むナポリタンだということになる。

大正時代の日本にナポリタンがあった？

しかし、このナポリタン発祥に異を唱える本もあった。澁川祐子著『ニッポン定番メニュー事始め』（彩流社）だ。この本によれば、イタリアのナポリにナポリタンはないが、フランスにはスパゲティ・ナポリテーヌ（Spaghetti Napolitaine）という料理があるのだそうだ。トマトソース味のスパゲティなんだとか。

さらに、『古川ロッパ昭和日記』によれば1934（昭和9）年に三越の特別食堂でナポリタンというスパゲティを食べた記述があるそうだ。その料理がどんなものかはわからないが、ナポリタンという名前のスパゲティ料理

ザ・カフェ
神奈川県横浜市中区山下町10ホテルニューグランド本館１Ｆ
みなとみらい線元町・中華街駅から徒歩１分
【スパゲッティナポリタン　1800円】

ナポリタンだけではなく、シーフードドリアもホテルニューグランドが発祥だそうだ

はすでに戦前には日本に存在していたことになる。

もちろんこれが、いまでいうところのナポリタンかどうかは不明だが、可能性がないわけではない。国産のトマトケチャップは、横浜の清水屋が1903（明治36）年に製造販売を開始したという記録が残っているからだ。さらに、カゴメがトマトケチャップの製造販売を開始したのも1908（明治41）年である。

上野玲著『ナポリタン』には、1895（明治28）年創業の銀座にある老舗洋食店**「煉瓦亭」**（46ページ）を取材した際の記述の中に、煉瓦亭の店主が「関東大震災前の大正10年にイタリアンというものがあったそうです」と語っている。このイタリアン、当初はトマトピューレを使っていたが、関東大震災後から戦中にかけての食糧配給制になるまではケチャップを使っていたという話もあり、それがどうやら、今のケチャップナポリタンに近いようだ。価格はカレーライスと同じくらいで、8銭前後。ただ、そんなに人気料理ではなく、1日に2、3食しか出なかったという。

*

担当編集の杉山君と上野の**「レストランじゅらく」**へ行った。「じゅらく」は1924（大正13）年に神田須田町で創業した須田町食堂が前身であり、以前は「創業大正十三年のナポリタン」というメニュー名でナポリタンを出していたのだ。

「じゅらく」は、高見順が1939（昭和14）年1月から翌年3月まで雑誌『文藝』に連載した小説『如何《いか》なる星の下《もと》に』にも登場する。発表当時の浅草が舞台となっている小説で、ほとんどの飲食店が実名で登場している。そして小説の中で紹介されている飲食店の多くは、現存しているのだからすごい。引用してみよう。

「広養軒といえは、前の聚楽《じゅらく》……」とバーテンは言うのだった。「須田町食堂の発展は大したもんですね」

各所にある「聚楽」という食堂は須田町食堂で経営していることは、私も知っていたが、

「――今度、花屋敷を買うそうですね」

浅草にほとんど毎日いて、そうしたことを私は大森の喫茶店のバーテンから初めて聞くのだった。

（『如何なる星の下に』（講談社文芸文庫）より）

神田須田町の飲食店からスタートした「聚楽」が、小説の頃になると花屋敷という遊園地を買収するという話が出てくる。実際にあった話のようだ。

杉山君が、「80年代頃、マリリン・モンローのそっくりさんが、『じゅらくよぉ』って言っているホテルのコマーシャルがありましたが、あれも同じグループなのですか？」と聞く。そうそう、同じ会社が経営しているんだよ。すごいね、じゅらく。たしか、新宿駅の東口にも「聚楽」があって、よく行った覚えがあると言うと、杉山君が「この道を隔てた上野公園側にも『聚楽台』ってレストランありましたよね。あそこは広くて店内に池なんかがあってゴージャスでしたよ」。へえ、僕は行ったことはないけど、そんなにすごかったのか。もう、そこには「聚楽台」という店はない。

　さて現在の「じゅらく」のナポリタンは、「昔なつかしのナポリタン」というメニュー名になっていた。銀皿に盛られて登場したそれは、麺はやや細めで、具材はベーコン、タマネギ、マッシュルーム、ピーマン。ケチャップで和えられたオーソドックスな一品だ。税込１０７８円。コスパ的にはどうだろう。上野の駅前の一等地にあるので、場所代というのも入っているのだろうね。

母のつくってくれた ナポリタンの味

僕が初めてナポリタンを食べたのはいつ頃だろうか。正確には思い出せないけれど、小学生の頃、夕方から塾へ行く前に母親が軽い食事としてなにかをつくってくれていて、たいていはフライパンで炒める麺料理だった。いちばん多かったのは焼きうどんで、次は焼きそば。その次くらいがナポリタンだった。いや、当時はナポリタンと言っていなかったような気がする。単にスパゲティと言っていた。

　焼きうどん、焼きそばと同様に生麺

レストランじゅらく上野駅前店
東京都台東区上野6-11-11
JR上野駅から徒歩１分
【昔なつかしのナポリタン　1078円】

元祖ファミリーレストランともいえる「じゅらく」の前身である須田町食堂は大正時代に創業している

が冷蔵庫に入っていた。具材は決まったものではなくやはり冷蔵庫にあるもので、ハムかベーコン、タマネギ、ニンジンなどだったと思う。味付けはもちろんケチャップだ。

小学校高学年から高校まで母親のつくるナポリタンを食べていたが、たいていダイニングテーブルで母親がつくるのを見ていた。母は手際よく具材を切り、フライパンでジュージューと焼いてくれて、あっという間に皿に盛られる。熱々のナポリタンを箸で食べた。まるで、焼きそばや焼きうどんと同じ感覚だった。

初めて外食でナポリタンを食べたのはたぶん、高校生の頃。喫茶店かレストランか、場所や味などはまったく覚えていないけれど、ナポリタンを注文したら、ナプキンの上にフォークが置かれたことだ。「ああそうか、イタリアの料理だもんね、ナポリタンって」と思った。しかし、これまでは箸で食べていたのだからとにかく食べづらかった。

70年代後半、僕はレストランでナポリタンをつくっていた

高校を卒業した僕はひとつの大学も受からず、浪人生活を広島で過ごすことになる。そして次の入試もほとんど失敗してしまった。唯一合格したのが、桃山学院大学だった。

当時、大学のあったのは、大阪府南河内郡の狭山という場所で、僕は堺市の北野田駅から歩いて15分くらいの場所で下宿することにした。これまで予備校の寮にいて、ある程度食事はつくってもらっていたのだけれど、それが下宿をしたらすべての食事を自分で考えなくてはならなくなった。

外食ばかりをしているとすぐに仕送りされた金がなくなっていく。そこで

とても懐かしい味付けのナポリタン。正統派だ。銀の皿にのってくるのもいいね

思いついたのが、まかない付きのアルバイトだ。

　自転車で10分ほどの場所にある「デニー」というレストランの仕事が見つかった。町のレストランという感じのお店で、オーナーシェフがやっていて、看板は黄色い地に赤い文字でDennyと書かれていた。デニーは、まさにファミレスのさきがけのような店で、厨房にオーナーシェフ、ホールには近所の主婦がパートタイムで働きに来ていた。

　僕の仕事は雑用だ。まず最初にやらされたのは、タマネギの皮剥き。そして、大量に茹でられたスパゲティを200グラムずつに小分けしていく作業。重さをはかる計量器の皿部分にラップを敷き、そこへスパゲティをのせ、200グラム分を包んでいく。慣れてくると一発で200グラムを手ですくえるようになった。

　これらのスパゲティは、ナポリタンとミートソーススパゲティになっていく。1978年当時、普通のレストランでも提供するスパゲティはこの2種類だった。メニューにはスパゲティという欄があり、そこに「ミート」「ナポリタン」とあった。とくに説明書きはなかったと思う。つまり、客の多くはミートとナポリタンがどんな料理かが理解できていたということだ。

　驚いたのは、ナポリタンソースもミートソースも缶詰だったことだ。大きな缶詰にソースが入っていた。この店では、それをアレンジするわけではなく、そのまま湯煎《ゆせん》器に入れ使っていた。ミートソースは、注文が入るとシェフはフライパンに油を入れ、200グラムのスパゲティを炒める。それを板の上に鉄板が置かれたような器に盛り、そこへ湯煎のミートソースをかけて、出来上がりだ。

レストランでアルバイトしてて、ナポリタンをつくっていた大学生の頃。ナポのソースは業務用の缶詰だった

　ナポリタンは同じく、フライパンに油をひき、ハム、タマネギなどを炒め、そこに200グラムのスパゲティを投入して炒める。ここへ湯煎したナポリタンソースをからめて、少し炒めたら皿へ盛る。ナポリタンソースの缶詰は、ケチャップベースのソースにマッシュルームが入っているだけだったので、具材を足す必要があったのだ。

　どちらもまかないで食べさせてもらったが、ああ、なるほど、レストランとか喫茶店でよくいただく味。そのからくりを見たようで、ちょっと驚いた。今なら、ネットで検索すればレストラン用の缶詰なども見ることができるが、当時は秘密の世界を知ったような気持ちでワクワクした。

　ちなみにこのレストラン、オーナーの家がレストランのすぐ裏にあり、客がいないときは家でプロ野球中継を見たりしていた。最初の頃は客が来るとシェフを呼びに行っていたけれど、あるとき、ウエイトレスのおばちゃんが「あんたでもできるでしょ」と言うので、僕もナポリタンやミートソーススパゲティをつくってみたら簡単にできてしまった。

そして、アルデンテがやってきた

　大学を卒業して僕は上京し、出版業界をうろうろしていた。

　1989年、昭和が終わる頃、僕と北尾トロなど4人でライターの事務所「脳天気商会」を設立した。事務所は外苑前のワンルームマンションを借りた。1階が大家さんが経営するイタリア料理の店「ロートロ」という店だった。ここで出すスパゲティは和風と洋風のメニュー両方があったが、ナポリタンはなかった。

　時代はバブル真っ盛り、ランチでも1000円を超えるのが普通の感覚だった時代だ。今からはちょっと考えられないけど、この時期は本格的なイタリアンレストランもあちこちにできて、僕たちはナポリタンのことを忘れてしまうことになる。

　そう、この店に限らず、イタリア料理の店にナポリタンはなかったからだ。

　そして「アルデンテ」という言葉をよく耳にするようになった。この頃よく言われていたのは、日本人はパスタの茹で方を間違えているというものだった。本当は、パスタの芯を少し残すほうがいい、みたいなことが喧伝《けんでん》されるようになってきた。

　最初はおしゃれな人や食通の人たちが使っていたアルデンテという言葉が、そのうち猫も杓子《しゃくし》もアルデンテと言いだすようになる。こうなってくると「平氏にあらずんば人にあらず」的な感じで、アルデンテにあらずんばスパゲティにあらず、のようなこととなり、焼きうどんのごとき柔らかい麺のナポリタンが好きなどとはなかなか言えない世相となっていく。

　そして、それまでは聞いたことがなかったようなスパゲティの料理名が洪水のように押し寄せてくる。

　まずは、カルボナーラを知ることになった。いや、それ以前もカルボナーラというスパゲティ料理を食べたことはあった。あったのだが、それは日本風のパスタ料理にはよくあることで、本場のカルボナーラではなく、卵をからめてフライパンとともにハムやタマネギなどの具材とともに炒められたものだった。

　2016年に閉店してしまった早稲田にあった「エルム」という店のカルボナーラは、フライパンにマーガリンを入れ、ベーコン、タマネギ、ピーマンを炒め、そこへ溶き卵を入れ、さらに茹で置きのスパゲティを入れたら出来上がりというもの。溶き卵ではなく、ケチャップならナポリタンになる。こういうスタイルのカルボナーラがあちらこちらで出されていたのだが、本場のカルボナーラに出合って、多くの人は衝撃を受けることになる。

　四ツ谷駅からすぐの場所にあった「カプリチョーザ」というイタリアンのチェーン店で食べたカルボナーラはおいしくて、しばらく僕はカルボナーラにハマった。しかし、これがどういう材料でつくられているのかはしばらくは知らなかった。雑誌かなにかにつくり方が出ていて、卵の卵黄や生クリームなどが使われていることを初めて知った。しかも、イタリアの炭火焼職人が、炭火焼の小屋で食べたのが最初、みたいなストーリーを聞かされると、さらにハマっていく。パスタ料理の中でもカロリーが高いことを知るのは、もっとずっと後になってからだ。

2001年3月、僕は毎日ナポリタンを食べ続けた

　2000年に入って僕は新宿区四谷の、四谷コーポラスというマンションに引っ越しした。

　近所には『スタジオ・ボイス』という雑誌の編集部があり、編集部員とは顔見知りだったのだが、そのうち「なにか連載をしないか」と言われ、僕は「1か月間毎日同じものを食べ続ける」という連載はどうかと提案してみた。

　その頃、デジカメも安くていいものが出てきたので、毎食自分が食べたものを撮影していたのだが、そんな食べ物の写真がズラリと並んだカレンダーのようなレイアウトになればおもしろいだろうと思ったのだ。

　取材をスタートさせたのは、2000年9月。最初の1か月はトンカツを毎日食べ続けた。10月はカレーライス、11月はオムライス、12月は天ぷらそば。年が変わって2001年の1月が餃子、2月が納豆。そして、3月にナポリタンをやった。タイトルは「1か月間毎日同じものを食べ続けてみよう！　今月の一品ナポリタン」となっている。

〈当時掲載の本文〉

「私、スパゲティの中でナポリタンがいちばん嫌いなんですよ」

本企画でカレーなどをいっしょに食べに行ってくれたリカちゃんがそう言った。リカちゃんばかりではない、20代の人たちのほとんどはナポリタンが好きではない。若い人から嫌われているメニューは消えゆく運命なのかもしれない。

実際、ナポリタンを探すのは大変だった。まず、パスタ屋さんやイタリアンレストランにナポリタンはない。ナポリタンがあるのは、喫茶店である。その喫茶店も最近ではナポリタンを置いていないところが多いのだ。

なぜなのか。それはナポリタンが背負った悲しい宿命があるのである。昔、僕が大学生の頃のことだから四半世紀前である。スパゲティといえばナポリタンだった。僕が好きなのはハンバーグスパゲティだった。これはナポリタンの上にハンバーグがのっているもので、他にもカツスパゲティだとかコロッケスパゲティなんていうものもあったけど、ベースになるスパゲティはみんな同じナポリタンだったのだ。実際、今回食べた洋食屋さんのなかにもそういったスタンスでいまだにつくっているところがある。

大学を卒業して社会人になった1980年代の半ば、パスタ屋さんなるものがあちらこちらにでき始めた。ペペロンチーノ、ボンゴレ、ペスカトーレ、カルボナーラなどなど。本場イタリアのパスタメニューが洪水のように押し寄せてきた。

さらに「たらこスパゲティ」のような和風のメニューが登場するようになって、ナポリタンは少しずつ忘れ去られるようになったのである。その頃から言われ始めたのが「アルデンテ」である。中に少し芯が残る茹で方こそが、おいしいスパゲティというイタリア流の考え方が出てきた。いや、僕も本式のスパゲティはアルデンテがおいしいというのはわかるのだが、それとナポリタンは別物である。ナポリタンは言うなればケチャップ味の焼きうどんなのだ。

ちなみに僕は、大学時代に喫茶店の厨房でアルバイトをしたことがある。その時ナポリタンをつくっていた。開店する前の仕込みの段階でまずは大量にスパゲティを茹でる。これは太くて白いスパゲティだった。で、茹であがったスパゲティを冷ましてから、200グラムずつひとまとめにしてラップに包み、これを冷蔵庫の中に入れておくのだ。で、注文があるとフライパンに油をひいて、麺を焼き、そこに大きな缶詰に入っている具入りのソースをからめる。それだけなのだ。つくってて言うのもなんだが、そのナポリタンはおいしくはなかった。まあ、こういう喫茶店の安易なナポリタンが衰退を招く一因だったかもしれない。

ひと頃よく言われたナポリタンバッシングのひとつは、イタリアのナポリにはナポリタンがないということだ。これは当たり前で、ナポリタンは進駐軍（アメリカ人）が日本にもたらした料理なのだ。ハンバーグの語源がドイツのハンブルグと同じようにアメリカ経由で勝手なネーミングがなされただけなのだ。ナポリタンに粉チーズやタバスコをかけるのもイタリア式ではなくアメリカ式のようだ。

そういえば、今回の食べた中でも飯田橋の「キッチンアオキ」では、ナポリタンではなく「イタリヤン」という名前がついていた。「アン」ではなく「ヤン」というのがい

食品サンプルも素敵な江古田の喫茶店「TOKI（トキ）」。今はもうない

い。たしかに昔はこういう呼び名もあった。

僕はこれまで本格的なナポリタンが食べたくなったら、新橋の「はと屋」へ行った。ここはナポリタンを基本にして様々なセットがある。エビフライやカツとの組み合わせがあるが、僕が好きなのはなんといってもハンバーグである。さらにここのが変わっているのは少しだけライスが付いていることだ。麺はうどんのように太く柔らかい。

しかし、同時に何十軒もの喫茶店でナポリタンはないと言われた。昔は喫茶店ならたいていは置いていたし、サンプルケースの中にはフォークが宙に浮き、麺をからめているナポリタンがデーンと存在していたものだ。

喫茶店からは姿を消しつつあるナポリタンは、過去のものだと考えるのは早計である。というのもナポリタンは、家庭に根付いているのではないかと思うのである。各社から出されているレトルトや具入りのケチャップもなかなかおいしい。そしてなによりそう確信したのは、知人の33歳男性の東山氏が最終日に我が家に来てつくってくれたナポリタンがとてもおいしかったことだ。

いまから18年前のこの日に思いを馳せてみよう。僕は当時42歳、当時の画像を見返してみると、いやになるくらい自分を撮影した画像が残っている。ほとんどがセルフタイマーで撮影したものだ。たぶん当時の体重は100キロを超えていた。この後まだまだ太り続け、2003年の夏の健康診断で糖尿病と診断され、即入院することとなる。1か月同じものを食べ続けるなんてことやっている場合じゃないと思うのだが、まあ、当時はそんなこと知る由もない。

当時、独身でひとり暮らしだった僕は、ほぼ外食だった。たいてい昼頃に起きてぶらぶらと周辺の店でメシを食っていた。

当時のお店リストを見ながら思ったのは、今となっては半分以上のお店が閉店していることだ。コンビニもスーパーも名前が変わったりしたところは●印をつけた（次ページ）。

本文の冒頭に登場する「リカちゃん」の発言でもわかるようにナポリタ

THURSDAY	FRIDAY	SATURDAY
1 ●四谷「ピステ」 ナポリタン 600円	**2** 四谷「セブンイレブン」 昔なじみのナポリタン 390円	**3** 新宿「西櫻亭」 スパゲッティナポリタン 1400円

8 高田馬場「ニュー早苗」 ハンバーグスパゲティ 750円	**9** 四谷「ベルモント」 スパゲッティ・ナポリタン 700円	**10** 日本橋「たいめいけん」 スパゲッティナポリタン蟹 1550円

15 四谷三丁目「風月堂」 ナポリターナ 1100円	**16** ●市ヶ谷「マイカル」 大盛ナポリタン 388円	**17** ●神宮前「キッチンパンプキン」 ナポリタン 900円

22 ●四谷「タイム」 ナポリタンセット 1300円	**23** 四谷「司法書士会館 カフェラウンジ」 ナポリソース　530円	**24** 渋谷「West」 ナポリタン 850円

29 ●江古田「TOKI」 特大ナポリタン 950円	**30** ●麹町「VEGA」 ナポリタン 850円	**31** 自宅・東山氏の 手づくりナポリタン 無料

2001年3月に食べたナポリタン一覧

（※2019年10月現在で現存しない店には●を付けた。値段は当時のもの）

SUNDAY	MONDAY	TUESDAY	WEDNESDAY
4 ●新宿「イマサ」 ナポリスパゲッティー 570円 	**5** ●市ヶ谷「ドンチッチ」 目玉焼きハンバーグナポリタン 360円 	**6** ●曙橋「パンクレイン」 ナポリタン 800円 	**7** ●麹町「エル」 ナポリ 880円 
11 ●四谷三丁目「クウィーン」 ナポリタン 900円 	**12** 飯田橋「キッチンアオキ」 ハンバーグスパゲティ 950円 	**13** ●神保町「東京珈琲館」 ナポリタン 850円 	**14** ●代々木「シャンデリ」 ナポリタン 600円 
18 自宅でレトルトを温める 「カゴメ完熟トマトのナポリタン」 195円 	**19** 自宅で調理 ハム、ピーマンなど 約300円 	**20** ●市ヶ谷「am／pm」 スパゲティナポリタン 340円 	**21** ●新宿「純喫茶ロロ」 ナポリタン 800円 
25 自宅で調理 ママーの具入りナポリタン （差し入れ） 	**26** 新橋「はと屋」 ハンバーグナポリタンセット 950円 	**27** ●渋谷「キリコ・デ・ナポリ」 キリコのナポリタン 780円 	**28** ●半蔵門「the半蔵門」 ナポリタンセット 1300円 

ンはまさにこの時期、忘れられた存在だった。それまで町のレストランや喫茶店にあふれていたナポリタンは影を潜め、店を探すのもひと苦労だった。ちなみに、「リカちゃん」こと栗戸理花さんは、大泉りかさんという名前でも活躍している作家さんである。

この連載は1年間続く。つまり12品目を1か月間毎日食べ続けるわけだが、6番目に選んでいるということはナポリタンが自分にとってさほど重要なメニューというわけではないことがわかる。

週刊誌からナポリタンについての取材を受けた

2002年、僕のナポリタン人生でも記念すべきことが起きた。それは『週刊SPA!』からナポリタンについて取材を受けたことだ。7月2日号、【「懐かしナポリタン」の名店を求めて】という気合いの入った特集だ。まず、ナポリタンの特集をやること自体が当時としては珍しかったと思う。連絡してくれたのは若い女性の編集者だった。『スタジオ・ボイス』の僕の連載を見て、スタジオ・ボイスの編集部に連絡先を聞いたとのことだった。

「1か月間、毎日ナポリタンを食べたなんですごいですよ」と編集者は言った。「いやいや、本当にただ食べただけなので、すごくはないです」と僕は正直に言った。というのも、さもナポリタンの専門家のようなかんじであれこれ聞かれたからだ。

で、いちばんおいしかったのはどこのナポリタンかを聞かれたので、新橋の「はと屋」（14ページ）だと答えた。数日後、取材の日程についての電話があり、出かけることとなる。

取材は2002年6月8日、待ち合わせたのは六本木「アマンド」のパーラーだ。当時の写真がハードディスクに残っている。取材にやってきたのは電話をくれた若い女性編集者と、これまたお若い女性のライターさんだった。これまで一部のおっさんたちには支持されていたナポリタンだが、やっと若い女性たちも目を向けるようになったのかと、ちょっと嬉しかった。

そのときの写真を見ると、ライターの女性が取材に使っていたのはICレコーダーではなく、カセットテープレコーダーというのが時代を感じさせる。ナポリタンへの思いをそこで話して、新橋まで電車で移動した。「はと屋」さんにはカメラマンが待機していた。お店は休憩時間で他のお客さんはいない。ハンバーグナポリタンセットをいただいた。

「はと屋」さんは、最寄り駅は新橋だけれど、住所は銀座8丁目であり、後述する新橋ナポリタンとは一線を画す。

ぼくが通っていた時期は、前述したように80年代半ばから90年代にかけてのことで、『スタジオ・ボイス』の連載で久しぶりに訪れたときも味は変わっていなくて感動した。そしてこの日のハンバーグナポリタンも変わらずのおいしさだった。僕がハンバーグナポリタンを食べている姿をカメラマンが写真に撮った。

　さらにうれしかったのは、お店の方にお話を聞けたことだ。茹でる前のスパゲティの麺を見せていただいた。株式会社コルノマカロニの「コルノスパゲティ デラックス」というもので、太さは2・1ミリ、ひとパッケージが4キロのものだ。検索してみたら、Amazonでは2052円で売っていた。「はと屋」さんでは、このコルノスパゲティを茹でて、一晩寝かしているそうだ。

　ところで、今になって当時の『週刊SPA!』の記事を読み返してみると、今からすると僕はけっこう的外れなことを言っている。見出しにもなっていたのだけれど、「いつ消えるかわからない中途半端なところに魅力」と書いてある。

　この後にナポリタンブームが到来しようとはさすがに思ってなくて、本気

カウンター洋食系

ひとりでふらりと入って、親父さんの鮮やかな手つきを見ながらナポリタンの出来上がりを待ちたい！

下関マグロのイチオシ

昨春、雑誌の連載で"1か月1日1メニュー"って企画をやっていて、30日間ナポリタンを食べ続けました。僕が学生の頃はスパゲティといえばナポリタンのことだった。喫茶店に行けば必ずあったのに、当時はもうすでに全然見つからなくて苦労しました（笑）。ナポリタン出してる店って本当に少ない。昔は「なんてオシャレな食べ物なんだ！」と感動したけど、その後、本格的なイタリア料理が日本中を席巻するようになって。まさかスパゲティのことを"パスタ"って呼ぶようになるなんて（笑）。

　僕が好きなのは、ベタなケチャップ味。最近はゆでたて麺をウリにする店も多いけど、やっぱりうどんみたいに太い麺をフライパンで炒めるっていう作業があって、ちょっぴりハムに焦げ目がついてる"洋風焼きうどん"感覚の作り方がイイですね。

いつ消えるかわからない中途半端なところに魅力

　それとナポリタンが面白いのは作る人によって味が違うところ。ケチャップの量とか微妙な加減が、人次第で変わるのがおかしい（笑）。

　最近はメニューに載せている店も減って、残してるところはナポリタンを今風に改良しようとしてるけど、それでも結局、本格イタリアンに勝てるはずもない。いつかは滅びゆく食べ物なんでしょうね。その刹那的なところにも引かれる半面、このままなくなってもいいや！ とも思う。そんな中途半端なポジションにあるナポリタンが、なおさら愛おしく思えたりもするんですよ！

下関マグロ（しものせき・まぐろ）'63年、山口県下関市生まれ。ライター。『STUDIO VOICE』や『別冊宝島』、Web『下関マグロのソフトでビビビ』等で活躍。ビデオ『顔スト天国』の企画・制作も務めるなど幅広く活躍中

メニューはショーウィンドーで一目瞭然。気軽に入れる雰囲気

銀座 はと屋

見た目は「茶系」な特製ソースナポリタン

　まだファミレス展開する前の「銀座不二家」で修業を積んだ主人が昭和38年にオープンした店。老舗仕込みのデミグラスソース等、丁寧な仕込みで"昔ながらの東京洋食"のやさしい味を残す。

☎03-3572-1928 住中央区銀座8-4GINZA9 B1 営平11:00～21:30、土～20:30、祝～17:00 休日 交JR・地下鉄新橋駅から徒歩3分「ナポリタンセット」にはすべて味噌汁、サラダ付

「ナポリタンセット・ハンバーグ」950円。麺：2・1㎜太 具：タマネギ 味：ケチャップとデミグラスソース

74

2002年7月2日号の『週刊SPA!』で取材を受けた。大好きな「はと屋」さんで、ハンバーグナポリタンをいただいた

で「消えるメニュー」だと思っていたフシがある。また、記事中には、本来の日本式なナポリタンを今風に改良しようとイタリアンに寄せている店もあって、多様化が進んでいるようなことも話している。

慶應大学病院内で食べた野菜のナポリタン

２００３年6月、新宿区から一通のハガキがきた。45歳になった人に無料で健康診断をしてくれるのだそうだ。いつもならろくに見ないでそのままにしておく郵便物だが、このハガキだけは少し気になってピックアップしておいた。そして、夏に新宿区の保健所へ行って、健康診断をしてもらった。

前述したように僕は１１０キロもの体重があったので少し心配になって行ったのだけど、他になにか自覚症状があるというわけではなく、無料だというので行ってみただけなのだが、なんと糖尿病と診断されてしまった。しかも、かなり悪いらしく、入院しなくちゃいけないレベルなのだそうだ。

というわけで、僕は慶應義塾大学病院に入院した。その顛末は『おっさん糖尿になる！　おっさん問答〈2〉』（幻冬舎文庫）にくわしく書いたので、そちらを読んでいただきたい。

結論から言えば、いつも定食のご飯を大盛りにしたり間食などもたっぷりしていたのをやめて普通の人が普通に食べる量にし、適度な運動などをするようになったら、数値はよくなった。とはいえ、その後も慶應病院に通院はしていた。糖尿病は自覚症状がないので、検査をしてもらわなければならないのだ。

お昼前に行き、採血、採尿などをし、午後イチに診察してもらうというパターンだった。ちょうどお昼に1時間ほど空くので、いつも病院の中央棟の地下にあった**「銀座木村屋總本店　慶應義塾大学病院店」**で「野菜のナポリタン」というメニューを食べることを楽しみにしていた。銀座木村屋といえばあんパンが有名で、パンを売っているスペースの隣に小さな、たしかカウンターだけのレストランも併設されていたのだ。

野菜のナポリタンといっても、じゃあ他に「肉のナポリタン」なんてメニューがあるわけではなく、ナポリタンはこれ一種類。ナス、パプリカ、チンゲン菜などの野菜がたっぷり入ったものだった。味付けは薄味。小皿で出てくるポテトサラダもすごくおいしかった。さらにご機嫌なのは、ちゃんとタバスコと粉チーズも付いていることだ。

僕は通院するたびにこの小さなレストランに寄って、野菜ナポリタンを食べた。残念ながら2015年に閉店してしまったようだが、ここで遭遇したヘルシーなナポリタンは僕の人生の中でも象徴的な食事かもしれない。糖尿病が発覚する前と後とでは、自分のライフスタイルがかなり変わったといえる。

そうなると不思議なことに、これまで多かったアダルト・フェチ系の仕事から散歩系の仕事が増え、僕はよく歩くようになった。

そして、ロメスパと出会いハマった

2007年2月に僕は有楽町の**「ジャポネ」**（34ページ）を訪れている。当時ネットで話題になっていた「ロメスパ」の代表的な店へ行きたかったからだ。

この本でも何度か触れているが、ロメスパの「ロメ」は「路傍の麺」のことだそうだ。「スパ」はスパゲティの意味。立ち食いそば屋のような感覚で入れる気軽なスパゲティ屋さんということらしい。これはうまいこと言うなと思った。

ロメスパ3か条というのがあるそうだ。

◎茹で置きスパゲティを炒めて提供
◎スパゲティは極太
◎大盛が可能

ネットによれば「ジャポネは一度食べたら忘れられないロメスパ」と称したおうさる氏による造語なんだそうだ。

有楽町駅から歩いてすぐ、銀座インズ3の1階に「ジャポネ」はある。いつも行列ができている。第1章の極私的ランキングでは5位に挙げているので、詳しいレポートはそちらをご覧いただきたい。

驚いたのは、多くのお客が大盛りを食べていることだ。こちらのお店では、レギュラー（並）、ジャンボ（大盛り）、

銀座木村屋總本店
慶應義塾大学病院店（信濃町）
現在閉店

かつて慶應大学病院の中にあったお店の「野菜たっぷりのナポリタン」。通院するたびに食べていたねぇ

横綱の順に盛りが多くなる。「横綱」はかなりの大盛りだが、さらにその上に裏メニューとして、「親方」や「理事長」という超大盛りがあるそうだ。一度、「親方」を食べている人を見たことがあるが、かなり巨大だった。

つけ麺を世に広めた東池袋「大勝軒」も麺の盛りがいいことで有名だ。創業者である山岸一雄氏がかつてテレビの取材で、なんでこんなに盛りがいいのか聞かれ、「昔は、大盛りというのがひとつのご馳走だったんだよ」とおっしゃっていた。

そして大手町にある**「リトル小岩井」**（36ページ）、こちらもロメスパ巡礼で必ず行っておきたいお店である。なぜなら、「ジャポネ」の創業者はこちらで修業されていたんだとか。

行ってみると、こちらも「ジャポネ」同様、いつも行列していて人気の高さがうかがえる。「ジャポネ」は独

「ジャポネ」「ジャリコ」「チャイナ」といった独自のメニューがある有楽町のロメスパ店「ジャポネ」

特な味わいだけれど、「リトル小岩井」のナポリタンはオーソドックスなスタイルだ。

そして2009年、新しいタイプのロメスパ店が登場した。それが**「スパゲッティーのパンチョ」**（32ページ）だ。渋谷で創業したこのお店は、おっさんの心をわしづかみにした。茹で置きの太麺、強いケチャップ味によく焼かれた麺。しかも、小盛り300グラム、中盛り400グラム、大盛り600グラムと同一料金。つけ麺とかで大盛り無料があるけれど、ロメスパでこれをやったのは「パンチョ」が初めてじゃないかな。これはうれしいね。

初めて食べたときは衝撃が走った「スパゲッティーのパンチョ」。おっさんたちの理想とするナポリタンがここにあった

そして、大食いの人たち用に2・3キロの「ナポリタン星人」という、超大盛りがある。僕がパンチョの存在を知ったのがこの「星人」がきっかけだった。折しもYouTubeが始まり、星人を食べ切る様子を撮影して、公開している人が現れたのだ。と、この原稿を書いている途中、YouTubeで「パンチョ　星人」を検索したら、ものすごい数の人たちが星人を食べる動画をあげていて、びっくりした。この店こそが今につながるナポリタンブームの火付け役と言えるかもしれない。

逆にこの頃、老舗といわれるロメスパ店の閉店もあった。たとえば早稲田の「エルム」だ。個人店だから店主が高齢化し、後継者がいなければ、閉店を余儀なくされる。そういったはかなさもロメスパだ。

ニューカマーのロメスパ「バルボア」も素晴らしい

陸上の100メートルでもマラソンでも、どんな分野においても、常に世界記録は更新されていく。それはナポリタンの世界でもそうで、新しく出てくるお店の中には、それまでの「おいしさ」を更新してくれるところもある。

新しいチェーン店で気になる店があったので、行ってみた。店名で、そのすべてを物語っている。**「焼きスパゲティ専門店 ロメスパ バルボア」**だ。焼きスパゲティであり、ロメスパなのだ。

すでに都内のあちらこちらに展開しているようだ。御徒町アメ横店へうかがった。地下に下りる階段のところには看板や幟《のぼり》がいっぱいでかなり派手。看板にはナポリタンの写真が大きく出ていて、ナポリタン推しの店のようだ。

　まずは食券を買うシステム。ナポリタン並盛り（３５０グラム）をポチッとな。大盛り（５００グラム）、特盛り（７００グラム）、メガ盛り（１０００グラム）もある。テーブル席とカウンター席があり、おひとりさまの僕はカウンターへ案内された。客層は若いサラリーマンが多いようだ。卓上には大きな瓶のタバスコ。瓶に入った粉チーズは逆さにして振ると出てくるタイプ。同じような瓶に赤いものが入ったものもあるぞ。「この赤いのはなんですか？」と女性店員に聞けば「赤唐辛子なんですけどね、そんなに辛くないです」とのこと。

　というわけで、ナポリタン着皿。おっ、ロメスパの名店「ジャポネ」のナポリタンのように小松菜が入っているよ。しかも、ハムでもベーコンでもなく、豚バラ肉が入っているじゃないか。麺を含め具材のところどころに焦げがあるのもいい。

　いただいてみよう。おおおおおっ、この麺のモチモチ感はこれまで食べたどの麺よりモチモチだ。これはおいしいなぁ。タバスコと粉チーズをかけてみましょう。ああ、なるほど、おいしくはなるんだけれど、自分はかけないほうが好きかな。そうだ、赤唐辛子をかけてみましょう。ああ、なるほど、たしかにそんなに辛くない。タバスコよりも辛くない。自分はこっちのほうがいいな。

　量は自分にはちょうどいいかんじだ。これはナポリタン以外のメニューもいただいてみたい。後発で出てくるチェ

焼きスパゲティ専門店 ロメスパ バルボア
（御徒町アメ横店）
東京都台東区上野4-2-1江戸っ子ビルB1F
JR御徒町駅から徒歩2分
【ナポリタン並盛り　600円】
※都内5店舗　※店舗により値段が異なる

店名に「ロメスパ」と入れてしまっているのがすごい。こうしてロメスパ系のナポリタンもどんどん進化している

ーン店はすごいなと思った。

サラリーマンの街・新橋はナポリタンの聖地だ

いま、「ナポリタンの聖地」といえば新橋だ。駅前の「新橋駅前ビル」と「ニュー新橋ビル」には、昭和の面影

サラリーマンのオアシス、「おやじビル」として親しまれているニュー新橋ビル。老朽化＆再開発のため取り壊しが決定している

を色濃く残す店が現存し、茹で置きされた柔らかい太麺にたっぷりのケチャップで味付けられるナポリタンがどの店でも人気メニューだ。

新橋は、ナポリタンだけではなく「サラリーマンの聖地」とも言われているが、サラリーマンはナポリタンが好きだ。昼の休憩時間にパッと食べられて、おなかいっぱいになる。新橋のナポリタンは別名、「リーマンパスタ」とも呼ばれている。その特徴は総じてどの店もケチャップソースの粘度が高く濃厚で、どろっとしているように感じられる。第1章の極私的ランキングでは**「はと屋」**（14ページ）**「ポンヌフ」**（18ページ）**「むさしや」**（16ページ）と、新橋ナポリタンを3店紹介した。

実はニュー新橋ビルの2階には**「ポワ」**と**「サンマルコ」**という喫茶店があったのだが、現在は両店とも閉めて

サンマルコ
（新橋）
現在閉店

みそ汁や小鉢が付いてきて、家庭的なナポリタンだったなぁ

ポワ
（新橋）
現在閉店

喫茶店のナポリタンではここが一番好きだという人も多かった

いる。どちらもおいしいナポリタンを出していたお店だけに残念だ。「ポワ」のナポリタンは、いかにも喫茶店のナポリタンというイメージだったのに対して、「サンマルコ」のナポリタンはみそ汁や小鉢も付いてきて、家庭のナポリタンといった雰囲気だった。

ニュー新橋ビルの2階には近年、マッサージ店やアダルトショップがたくさん入っている。マッサージ店の女性に声をかけられながら歩いていると**「飲み処うみねこ」**という店がランチでナポリタンを出しているのを見つけた。ものは試しと入ってみた。

ランチはナポリタンの他に焼きそば、カレーライスがある。ナポリタンはドリンクが付いて650円。けっこうリーズナブルだ。店名からわかるように夜はお酒が呑めるお店になるようだ。

ナポリタンを注文した。あとからやって来たサラリーマン風の男性もナポリタンを注文するも売り切れだと言われ、しぶしぶ焼きそばを注文していた。

カウンターの向こう側に厨房があり、ナポリタンが炒められている。他店より炒め時間が長い。目の前のテーブルに置かれたナポリタンは茹で置きをした太麺。やはりケチャップ味でバターが香る、新橋系のナポリタンだ。店主の女性によれば、店のオープンは2015年3月。店主に話を聞いてみる。

――新橋系のナポリタンを研究されてこういう形になったのですか？

「母親から教えられたレシピです。麺は太いほうがおいしいと教えてもらって」

――新橋系のナポリタンで食べたお店はありましたか？

「『ポワ』さんではいただきました。おいしかったですよ」

――きょうはナポリタンが売り切れで

飲み処うみねこ
東京都港区新橋2-16-1ニュー新橋ビル2F
JR新橋駅から徒歩1分
【ナポリタンセット（ランチ時、ドリンク付） 650円】

消える店もあれば新しくできるお店もある。ランチ限定だけれど、こちらのナポリタンも素晴らしい！

したが、やはり人気があるんですか？

「たまたまですね。ナポリタンは茹で置きの麺など準備が必要ですから、数に限りがありますので」

確実にナポリタンにありつくにはランチタイムの早い時間帯がよさそうだ。

この店のナポリタンも旧来の新橋系のナポリタン同様に粘度が極めて高い。よく炒められ、水分が飛んでいるのだ。実はこうして水分を飛ばすことで粘度が高くなる。

以前、ある店の人に聞いたが、新橋系のナポリタンが粘度の高い理由は「お客さん（主にサラリーマン）が着用しているのは白いワイシャツなので、そこにオレンジ色のソースが飛ばないように水気をできるだけなくしている」ということだった。さりげない気遣いが、粘度が高いリーマンパスタの生みの親だったわけだ。

話題の「大宮ナポリタン」を食べに行ってみた

ナポリタンの本を書いていると知り合いに言うと、「大宮ナポリタンは食べた？」と聞かれることが何度かあった。そうか、大宮ナポリタンというのがあるのか。

ネットで調べてみると、大宮の地元J1チーム「大宮アルディージャ」のチームカラーがオレンジ色であることや、大宮という地名の由来にもなっている「武蔵一宮　氷川神社」の鳥居が朱色だからという理由でナポリタンを地元の名物にしようとしたそうだ。

なんだか強引な感じがするのだけれど、大宮市が消えてさいたま市になってしまったことを考えると、大宮という名前を残したいという気持ちもよくわかる。提唱しているのは**「伯爵邸《はくしゃくてい》」**という老舗喫茶店のオーナーだそうだ。

伯爵邸
埼玉県さいたま市大宮区宮町1-46
JR大宮駅から徒歩5分
【大宮伯爵亭のナポリタン（サラダ、スープ付）　850円】

1975（昭和50）年創業だという老舗喫茶店。そのたたずまいにも風格がある

「伯爵邸」のナポリタンはとにかく量が多い。スープやサラダも付いてくるのでおなかいっぱい。味はやさしいかんじだね

大宮ナポリタンの条件はとてもシンプルで、旧大宮市内に店舗があり、具材に埼玉県産野菜を1種類以上使うことだそうだ。現在、32店舗が大宮ナポリタンを出している。

　というわけで、「伯爵邸」に行ってみることにした。京浜東北線に飛び乗ったのは土曜日の昼前。大宮駅東口を出ると、「こりすのトトちゃん」という像があった。大宮のゆるキャラのようだ。「伯爵邸」は商店街から路地に入ったところあった。

　時刻は12時少し前。すでに席はけっこう埋まっている。奥へどうぞと言われ、奥のテーブルに着席。席に案内してくれた男性にナポリタンを注文する。

　まず、提供されるのが粉チーズ、タバスコ、それに見慣れない瓶。透明の液体だが沖縄の唐辛子のようだ。6分ほどしてナポリタンが着皿。持ってきてくれた店員のお姉さんに「これ、普通盛りですか?」と確認。けっこうな量なのだ。「はい、普通ですよ」とのこと。大盛りだとどのくらいなのか、驚く。

タバスコ、粉チーズのほかに見慣れないものは「沖縄名産　とうがらし」という液体。ナポリタンにかけるとめちゃウマになる

　サラダとスープが付いているのがうれしい。ビジュアル的にはカイワレ大根が山頂にあるのが特徴的だ。具材にはイカなどの海鮮が見える。麺は中太。味はかなり薄目だと思った。これまで東京や神奈川で食べてきたナポリタンと比べても、どのナポリタンにも似ていない気がした。

　薄味にはタバスコや粉チーズが合うはずだ。かけてみよう。おやぁ。なんだか合わないな。なんでだろう。ちょっと待って、「沖縄名産　とうがらし」というのを少しかけてみよう。そんなに辛くはないね。麺が香ばしくなるかんじ。合うねぇ。説明書きを見ると島とうがらしを泡盛で熟成させたものだそうだ。うまくマッチしているね。ちなみに他のお客さんのナポリタンオーダー率もかなり高かった。

　おいしくいただいた大宮ナポリタン。ただ、大宮ナポリタンの定義はかなりゆるいので、たぶんいろいろなタイプがあるはずだ。もっといろいろ食べ歩いてもいいね。

八王子「はちナポ」を食べに行ってみた

東京西部の大都市・八王子も町おこしでナポリタンをご当地グルメにしているそうだ。そのネーミングは八王子のナポリタンということで「はちナポ」だそうだ。JR中央特快に乗って八王子駅に向かう。

事前にネットで調べたところによれば、八王子ナポリタンの条件は「たっぷりの刻みタマネギ」をのせることと、八王子産の食材を使うことだそうだ。なぜ「刻みタマネギ」をのせるのかといえば、八王子ラーメンも刻みタマネギのせが条件になっているからだ。八王子のご当地グルメ、ラーメンの次はナポリタンということだろうか。

八王子ナポリタンのおもしろいところは、麺は自由だということ。つまり、スパゲッティでなくても、うどん、そば、ラーメンでもいいということだ。そのため、八王子ラーメンナポリタンなるものを提供する店もあるほどだ。

八王子駅で編集の杉山君と落ち合って、北口にある八王子インフォメーションセンターに行く。八王子名ナポリタンについて聞けば、メディアでも有名だし、八王子商工会議所が主催する八王子お店大賞を取ったこともある「Kitchen Rocco（キッチン ロッコ）」がいいのではないかと係の女性が教えてくれ、お店情報が掲載されている冊子をくれた。教えられるまま、「Kitchen Rocco」へ向かう。

店の前に着くと、開店前から短い行列ができているイタリアンのお店のようだが、けっこうおしゃれなカフェのようなかんじでもある。

はちナポは単品では870円だけれど、ランチはスープバー、ドリンクバーが付いて1000円なのでそちらに

Kitchen Rocco
東京都八王子市子安町3-8-10
JR八王子駅から徒歩7分
【ロッコのはちナポ　870円】

店内もオープンキッチンでいいかんじだ。これはきっとおいしいナポリタンを提供してくれそうだ

おしゃれなカフェ風のお店、開店前から行列ができていた。地元の人に愛されている店だね

する。ほどなく着皿。いやぁ、刻みタマネギがうず高く積まれている。まずは、このビジュアルにやられるね。雪山のように盛られた刻みタマネギを崩しながら麺といっしょにいただく。おお、なんだか独特な旨み。改めて小冊子を見ると、「味噌やデミグラスをブレンドしたトマトソース」が使われているとあった。あー、この和なのかイタリアンなのかわからないような旨みはそこからか。麺は細めだ。

とてもおいしくいただき、はちナポはすごいなと思ったのだが、店を出ると杉山君は「おいしかったけど、あれがナポリタンかと言われれば疑問ですね」とポツリ。あー、そうだなぁ。進化系だなぁ。いわゆるナポリタンとは少し違うなぁ。しかし、ナポリタンのすそ野が広がっていることを十二分に感じた一皿だったね。はちナポ、もっと食べてみたいね。

おいしさレベルでいうとかなり高め。こんもり盛られた刻みタマネギもとてもおいしい。ただこれがいわゆるナポリタンかと言えばちょっと違う気もする。でも、近所にあったら通っちゃいたくなるおいしさだ

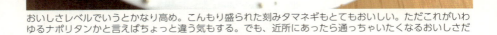

第4章

本当においしい
ナポリタンをつくってみる

ナポリタンを劇的においしくする〝ひと工夫〟

本名の増田剛己名義で、ベネッセの『サンキュ！』という主婦向け生活情報誌にお料理系の記事を書いている。僕が料理上手というわけではなく、プロに聞いた裏ワザを試して料理をつくってみるというシリーズだ。そこで以前「いつものナポリタンを劇的においしくする〝ひと工夫〟」という記事を書いた。新たにわかった事実も加えて、もう一度ここにまとめてみよう。

1、麺は太麺を使う

もちもちした麺の食感を出したいなら太麺を使うのがベストだ。僕がいちばん好きなナポリタン（極私的ランキングでは3位）を出す、新橋の「はと屋」さんが使っているとおっしゃっていた麺は「コルノ スパゲッティ デラックス 2・1ミリ」。ネット通販なら2000円ほどで購入できる。しかし、近所のスーパーなんかで2・1〜2・2ミリの太麺を探そうと思ったらめちゃくちゃ大変。最高でも1・8ミリまでしか置いていないことがほとんどだ。ネット通販なら難なく入手できるので利用してみよう。

2、通常の茹で時間よりも1、2分長く！

スパゲティのおいしい茹で方としては、少し芯を残した状態にするアルデンテがよく

僕が使った麺はコルノの2.1ミリ。けっこうな太麺だね。僕はAmazonで購入したよ

家庭で簡単に真似できるプロの技を伝授。僕も自宅のキッチンで試してみたよ

知られているが、ナポリタンの場合は芯がなく、全体が柔らかくなっている状態がベスト。パッケージに表示されている茹で時間よりも、1〜2分長めに茹でるのがコツ。コシのない、柔らかい麺に仕上げるのがポイントだ。

3、麺は一晩寝かせると、もちもち感がアップ！

茹でた麺はよく水を切ること。麺を一晩寝かす場合、オイルをからめて保存する派とオイルをからめない派がいた。僕がやってみた結果は、オリーブオイルかサラダ油をからめて保存した方が調理はしやすいし、おいしさもアップする。1食分（200〜300グラムが目安）ずつラップに包んで冷蔵庫へ入れるのがプロのやり方。2、3日は冷蔵で大丈夫だそうだが、それ以上になる場合は冷凍庫で保存した方がいいそうだ。

4、材料や調味料はできるだけシンプルに

一晩寝かした麺のもちもち感を活かすには、具材は多く入れすぎず、シンプルにするのがポイント。1人前なら、茹で上がった麺200グラムに対して、タマネギ4分の1個（40グラム）、ピーマン2分の1個（10グラム）、エリンギ小1本（15グラム）、ウィンナーソーセージ1本でいい。

以前、ある町中華のオヤジさんから、おいしい焼きそばのつくり方を教えてもらったのだけれど、それがナポリタンにも応用できるのではないかと思った。その最大の特徴は具材の切り方で、麺と同じように細長く切るのがポイント。そのほうが食べやすいし、

茹でた麺をだいたい200グラムずつラップに包んで冷蔵庫へ入れて、ひと晩寝かしてみよう

火が通りやすい。

これはナポリタンの場合でも有効だ。ウィンナーソーセージなら輪切りではなく、縦半分に切るとか、ピーマンも縦に切る、タマネギは薄目のくし形切りといった具合。やってみると、なるほど麺とよくからむ。

5、調味料はケチャップ3：ウスターソース1

調味料はケチャップの他にウスターソース（デミグラスソースやオイスターソースでももちろん可）を加えると味の深みが増す。割合は茹で置き麺200グラムに対してケチャップ大さじ3、ウスターソース大さじ1の割合だ。他の調味料もあれこれ入れたくなるが、これだけで十分。シンプルにしたほうがいい。

ちなみに、スーパーのケチャップ売り場に行くと、カゴメやハインツ、プライベートブランドなどのケチャップも並んでいるが、どのケチャップがナポリタンにいちばん合うだろうか。食べ比べてみたが、その結論は「どれもおいしい」であった。ケチャップのブランドはあまり気にしなくていい。ちなみに、2つ以上のメーカーのケチャップを使うと、互いの長所が活かされて、劇的というほどでもないが微妙においしくなることはたしかだ。

6、まずはケチャップを加熱して、酸味を飛ばす

具材はできるだけ細長くカット。こうすることで麺にからみやすくなる。焼きそばなどでも同じだね

僕がこれまで間違っていたのはケチャップ投入のタイミングだった。多くのシェフはナポリタンをつくるとき、最初にフライパンで具材を炒めたら、その具材をはじによせ、ケチャップが具材と混ざらないように炒める。それでケチャップの酸味や余分な水分を飛ばすのだ。

いきなり具材といっしょに炒めると、酸味や水分が残ってしまう。ケチャップを入れるタイミングはかなり重要だ（これはチキンライスをつくるときも同じ）。

まずはケチャップに熱を入れて、ブクブク泡立ってきたあとで具材と混ぜる。麺はそのあとに入れる。本格的に炒めるのは、最後の調味料としてウスターソースを加えたあと。中火で麺といっしょに具材を炒めていこう。

7、麺をちょっと焦がすのがポイント

よく炒めるということは、その結果、少し焦げるということだ。焦がすことで香ばしさという旨みが入るので、おすすめだ。焦がしすぎてはダメだけど、少し焦げている方がおいしい。

肝心の焦がし方だが、麺と具材が混ざったら、そこからあまりかき混ぜたりせずに中火で5～6分程度じっと待つ。実際に自分でやってみると、これが何気に勇気がいるのだが、ひるまずにやってみよう。

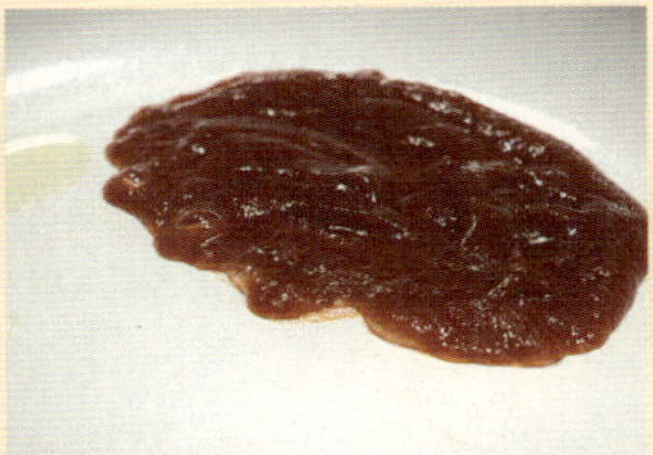

まず、フライパンに最初に入れるのはなにかが最大の問題。最初はケチャップだけ入れ、酸味を飛ばす

浅草「カルボ」のナポはこれぐらい焦がしている。少し焦がすのがおいしくなるポイントだが、素人にとっては意外に勇気がいるかも

「劇的においしくする一工夫」の技を全部使ってナポリタンをつくってみた

劇的においしくする一工夫、その英知を実際に試してみたら、本当においしくできるか試してみた。このつくり方は喫茶店系や洋食系でなく、ロメスパ系のつくり方にかなり近いと思う。なお、麺は茹でた後にオリーブオイルを絡めて、冷蔵庫で一晩寝かせた麺を使用している。

【材料】(1人分)

2.1ミリ以上の太麺(茹で上がった状態で)	200g
タマネギ	4分の1個 約40g
ピーマン	2分の1個 約10g
エリンギ	小1本 約15g
ウィンナーソーセージ	1本

ケチャップ	大さじ3
ウスターソース	大さじ1
塩コショウ	少々
サラダ油	大さじ1

1

まずは、ケチャップだけをフライパンに入れて煮立たせて、それから具材を入れ、サラダ油を具材の上からちょっとたらし、少し炒めたら両方を合体！

2

麺を投入して、炒めるよ。麺にはあらかじめオリーブオイルをからめてあるので炒めやすいと思うけど、足りなければオイルを追加してもいいよ

3

麺と具材がよくからんだところでウスターソースを投入。ウスターソースじゃなくてデミグラスソースやオイスターソースでもいいね

4

よく混ぜながら全体をまとめてくよ。フライパンをあおってもいいけど、普通に菜箸でひっくり返すようなかんじで混ぜてもオーケー

5

はい、こっからが難しい焦がす工程。さわらずに中火で2分ぐらい放置する。と、一回まぜて天地をひっくり返す。がんばって多めに炒めること

6

お皿に入れて出来上がり。乾燥パセリをかけてもいいね。いただいてみると、おおおおお、劇的においしくなっとるよ、いや、ホンマに！

喫茶店「SUN」のレシピ通りにナポリタンをつくってみた

1

章の極私的ランキングで1位に挙げた入谷の喫茶店「SUN」のマスターに教えてもらったナポリタンのつくり方、その通りに試してみたらホントにおいしくできるのか試してみた。ここまで僕は、「通常の茹で時間よりも1、2分長く」「ちょっと焦がすのがポイント」と書いてきたが、この「SUN」のナポリタンはまったく真逆の考え方なのだ。使う材料は、教えていただいたレシピに忠実に用意してみた。

【材料】（1人分）

1.7ミリの麺（茹で上がった状態で）	200g
タマネギ　くし形切り	30〜40g
ピーマン　輪切り	5〜6枚　3〜4g
ウィンナーソーセージ	1本（タテに2等分）
ツナ缶	小さじ1（オイルもいっしょに）
塩コショウ	少々（ブラックペッパー多め）
ニンニクパウダー	小さじ1
うま味調味料	小さじ1
唐辛子輪切り	ひとつまみ
コンソメ　顆粒	小さじ1
トマトソース	大さじ0.5
ケチャップ	大さじ1.5
サラダ油	大さじ1

1
塩は入れずに大量の水を沸騰させて麺を投入。茹で時間を通常より短く（パッケージにある茹で時間より1～2分早く上げる）

2
麺は茹で上がったらすぐ扇風機で乾かして熱と水気を飛ばすのが特徴的だ。麺はできれば冷蔵庫で一晩寝かせたほうがベターだそう

3
麺とツナ以外の材料は、調味料含めてフライパンに全部入れ、最後にサラダ油をかけまわして投入、それから火をつける

4
中火で具材を炒めていき、油が広がったところで麺を投入しよう

5
フライパンをあおりながら、具材と麺をからめていく。麺が乳化しはじめたらツナをオイルとともに小さじ1入れて火を止める

6
皿に盛った後、仕上げにブラックペッパーをかけて出来上がり。マスター曰く「とにかく焦がさないことがポイント」なのだ

「劇的においしくする一工夫」の技を全部使ってつくってみた感想

このナポリタン調理の最大のポイントはケチャップを入れるタイミングだ。僕はいつも具材を炒め、麺を投入してからケチャップを加えていた。最後に味見をして、ケチャップが足らないなと追いケチャップなどをしていたが、これは間違いだった。ケチャップを最初にフライパンに入れて炒めることで、酸味が飛んでまろやかになるというのは目からうろこだった。そして、なんといっても一晩寝かせた太麺がおいしい。結局のところ、ナポリタンって突き詰めると麺の旨さではないかと思うのだけれど、この方法でつくれば、麺の旨さが際立つ。また、調味料はケチャップとウスターソースというシンプルさが麺の旨さを引き出しているように思う。

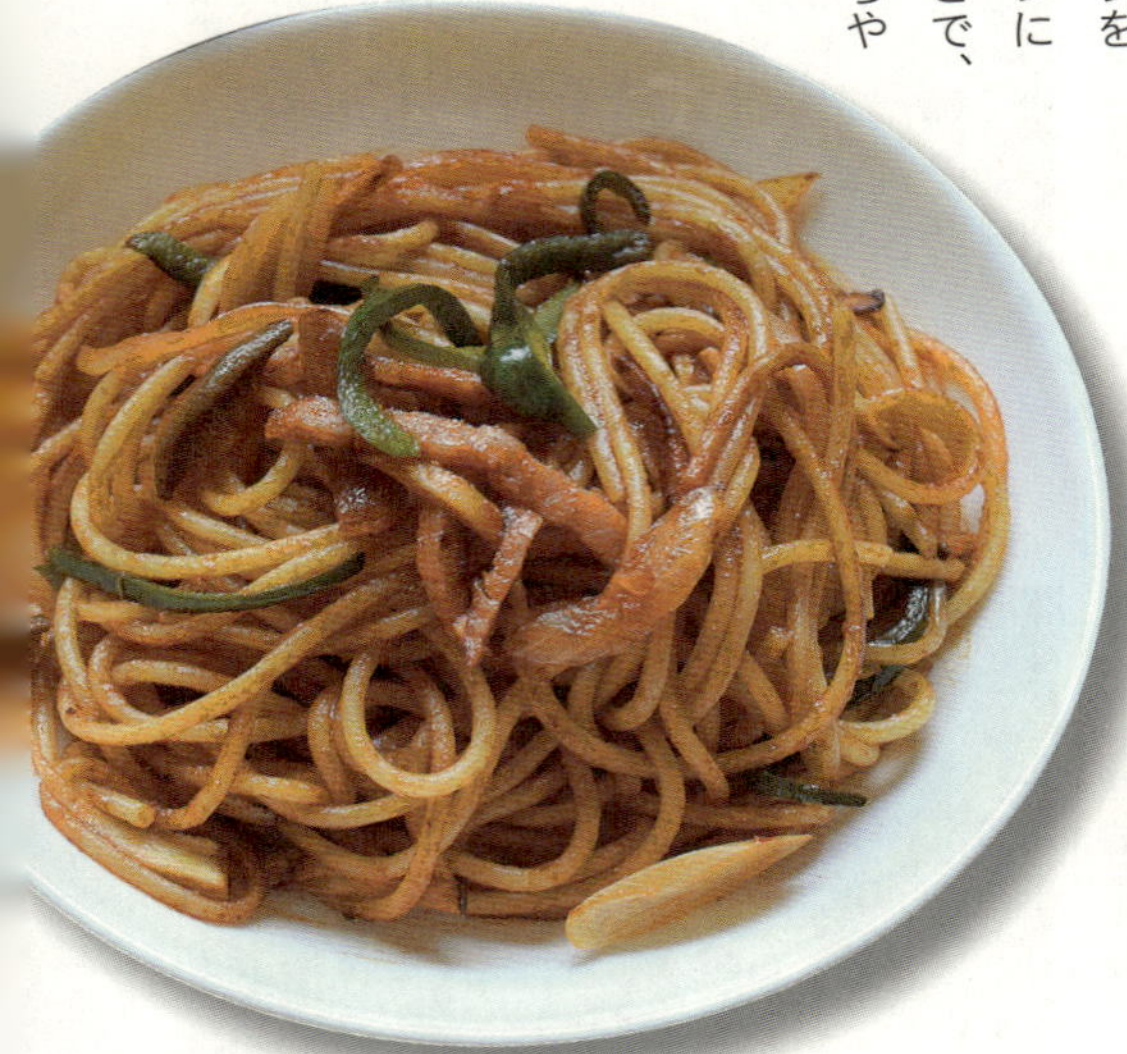

喫茶店「SUN」のレシピ通りにつくってみた感想

お店の人気メニューを家庭でつくるということには何度かチャレンジしたことはあるのだが、たいていの場合、レシピ通りにつくってもなかなかお店の味にはならない。しかし、このナポリタンは家庭でもかなりお店に近い味になる。マスターが「味見して少し濃いようだったら、茹で汁ではなく牛乳を入れるといいですよ」と言っていたのを思い出し、辛いのが苦手な僕は50ccほど牛乳を仕上げに入れている。これで自分にとってちょうどよくなるように思う。しかし、先日、久しぶりに「SUN」に行ってナポリタンをいただいたら、また進化し、おいしさが増しているではないか。侮れない。また、教えてもらわないとね。

第5章

コンビニナポリタン全種類食べ比べてみた

どどーんと全８種類 どれがいちばん旨いのか!?

たいていのコンビニではお弁当コーナーでナポリタンが売られている。

今回集めたのは、取材時（2019年6月27日時点）に関東圏で入手できるコンビニナポリタンのすべてだ。セブン-イレブンから2種類、ローソンから2種類。セイコーマート、ファミリーマート、ミニストップ、デイリーヤマザキが1種類ずつ。全部で8種類を揃えた。

食べ比べをするのは僕と杉山君に加え、駒草出版の若い女性2名も参加してくれた。これまで勝手気ままに食べ歩き、勝手にランキングをつけてきたが、今回は他人の意見を聞きながら食べることができるわけだ。

ひとつずつ電子レンジで加熱して、4人に取り分けて食べる。各自、どのナポリタンがおいしいか、採点しながら試食してみた。

身近にあるナポリタンといえば、コンビニでしょ。8種類のナポを試食するよ！

※商品と価格は2019年６月時点のものです。現在は販売されていないものもあります。
地域によっては取り扱いのない商品もあります。

セブン-イレブン
大盛り！ナポリタン

462円(税別) 667kcal

全体的に高評価。ボリュームもあるし、旨みという点ではこれがいちばんなのかもしれないね

マグロ♂ 90点

大きなウィンナー２本とベーコンが入っていて肉感たっぷり。麺の量もたっぷりで**ボリュームがあるのにカロリーは667kcalと控えめなのがうれしい。**ケチャップ感は薄いがデミグラスソースの旨みたっぷり。

杉山♂ 82点

もちっとした麺がおいしい。**デミグラスソースの味強め。**タマネギとニンニクの旨みが効いてますね。食べ終えてニンニク臭が残る。

菅生♀ 82点

麺がモチモチで、粗びきソーセージはパリッとしていておいしい。ソースは甘めでニンニクの旨みを感じる。**味とニンニク臭が強め。**ソーセージと合わせるとやや油っこいかな。

南雲♀ 88点

ウィンナー2本がぱりっと食べごたえある。ソースはトマトの酸味より甘みが強い。味はちょうどいい。

セブン-イレブン

チーズ焼き ナポリタン

334円(税別) 467kcal

粉チーズをかけるかわりにチーズをのっけて焼いちゃってます。発想がすごいなぁ。意外にいけるね

マグロ♂
78点

焼かれたチーズが麺を完全に覆うくらいのっかっていてとても変わったビジュアル。いただいてみると、これがおいしい。チーズの旨みですね。**細麺がよく合う。**ただ、ナポリタン感は少ないように感じた。

杉山♂
75点

チーズがおいしい。チーズを引き立たせるため、ソースの味はあっさりめですね。**ナポリタン好きにはちょっと物足りない**というか、これはナポリタンなのか？　アスパラがシャキシャキしてておいしい。

菅生♀
87点

このチーズ好き！細めの麺が合いますね。だけどナポリタン感が薄い。467kcalということで、これにサラダでもプラスすれば、ヘルシーなランチとなりそう。

南雲♀
73点

チーズが焦げている部分があったりして見た目のインパクト強い、おいしそうです。食べてみると**チーズがおいしい。**タマネギとアスパラがシャキシャキ。トマトのジューシーさがある。

セイコーマート
ナポリタンスパゲティ

110円(税別) 312kcal

チープな味わいを良しとするのかダメなのかで判断が分かれるところだね。値段の安さはグッドだ

マグロ♂ 85点

これはすごく好き！細麺に粉チーズが混ざり、おかず感が出ている。**チープでジャンク(いい意味で)なところがグッド。**セイコーマートが近所にあれば、けっこう買っていると思う。

杉山♂ 70点

具材はタマネギのみ。粉チーズがかかってます。麺はやや細め。トマト風味よりもデミグラスソースの味が強め。**おにぎりやサンドイッチともう一品何かほしいときに**いいかも。

菅生♀ 80点

弁当の付け合せ的ナポ。**学校の給食で出てきそう。**ソースはしっとりでなくパサパサめ。具材のタマネギがシャキシャキ。

南雲♀ 75点

トマトの酸味が強い。味は濃いめ。粉チーズは気持ち程度。タマネギがシャキシャキ。**この値段にしてはボリュームあり。**

ファミリーマート

ジューシーナポリタン

369円（税別） 592kcal

突出した個性はないけれど、誰もが普通においしいと感じるナポリタンではないかと思う

マグロ♂
72点

いいかんじのビジュアルだ。たぶん万人向けのソース。**甘みを感じるケチャップ味**でしょうか。具材もたっぷり。ピーマンのフォルムが美しい。

杉山♂
77点

トマトソースが多く汁気多め。酸味がわりとある。太麺。味はいいと思うが、味の個性としては弱く**特徴に欠ける**かも。

菅生♀
60点

チンする前と後で見た目がかなり変わる。トマトの酸味が強い。**麺が柔らかすぎて残念。**最下位。

南雲♀
70点

麺は太め。トマトは酸味強い。ウィンナーはスモーキーで味は薄めだが塩味が強い。麺は太めでコシが少し感じられる。パセリがいいアクセント。**トマトソースがさらさらとしていて食べやすい。**

ローソン
大盛！よくばりナポリタン

461円（税別） 851kcal

ハイカロリーで濃い味なので評価は割れたが、がっつりいきたい人は絶対にこれだね！

マグロ♂ 75点

なんともド迫力。麺の存在感がハンパない。味付けはけっこう独特。パセリがいいアクセントになっている。**今回の中ではいちばんのハイカロリー**で851kcalある。がっつり食べたい人向け。

杉山♂ 85点

麺はもっちり系、味が濃厚。**この濃厚さがくせになるかも。**焦し風味な味がします。ロメスパ系で食べるナポリタンって感じ。おいしいです。

菅生♀ 75点

やや香ばしい味で、ソーセージも大きく味も濃いので、ガツンとスタミナ系のイメージ。ソースはなんだか**洋酒のような甘みがある。**

南雲♀ 82点

麺もちもち、極太。**トマトの酸味が絶妙。**パセリの飾りが効いてる。ウィンナーはパリッとドイツ風の食べごたえ、塩味が強い。

ローソン

ナポリタン

369円(税別) 624kcal

4人の評価は割れたけれど、どんな世代にも受け入れられる味だと思う。失敗しないナポリタンかもね

マグロ♂
68点

細い麺に味がよくのっている。具材の種類が多くてビジュアルはいいけれど**食べてみると存在感が薄いかも。**麺が短いのはナゼだろう。

杉山♂
73点

マッシュルーム、ベーコン、ピーマン、細切りのウィンナー、タマネギと具材が豊富。細麺でわりとあっさり食べられる、ただ個性はないかも。甘みがあるがちょっとぴりっとした後味あり。**麺が短めなのはなぜ？**

菅生♀
85点

コクのある甘さで酸味は少ない。**後味がぴりっとくる。**醬油の味がほのかにしている気がする。

南雲♀
67点

麺はやや細麺でアルデンテ。ウィンナーは燻製の香りがする。具だくさん。トマトの酸味を感じ、**後味がスッキリ。**ベーコンはジューシーで表面が固め。

ミニストップ

完熟トマトのナポリタン

368円（税別） 453kcal

やわらかい麺に強めの酸味で好き嫌いが分かれる、エッジの効いたナポリタンといえるかも

マグロ♂
77点
このやわやわの麺、嫌いじゃないな。鶯谷の「世茂利奈《せもりな》」にも匹敵する麺のやわらかさ。ケチャップの甘みを感じる味わい。

杉山♂
81点
具材はキャベツ、ニンジン、ベーコン、ウィンナー。ナポにニンジンやキャベツが入ってるのは珍しい気がする。**野菜多いね。**麺がやわらかい。ケチャップ感あって味はおいしい。ある意味懐かしい味わい。

菅生♀
90点
ナポリタンに**キャベツ、ニンジンって珍しい！**酸味がコンビニ系では一番強く、甘みが後から来る感じ。野菜が多いので油っぽくないがトマト感はない。

南雲♀
65点
麺はうどんのようにコシがない柔らかさ。トマトソース感が強い。野菜は蒸した状態で、野菜の味がやさしく感じられる。

デイリーヤマザキ

YBS ナポリタン

369円（税別） 548kcal

YBSとはヤマザキ・ベスト・セレクションの略だそうだ。マグロ以外は高得点。これいけるかも！

マグロ♂ 70点

やさしい味付け。人によっては物足りないかも。パンにはさんで食べたくなるような味わいだ。昔のコンビニのナポリタンはこういうタイプが多かったかも。

杉山♂ 90点

家庭的な味がする。具材大きめ、しっかりケチャップ味で懐かしいというか安心感のある味。これは意外においしいぞ。

菅生♀ 94点

タマネギが大きくやわらか甘い。家でつくるものに一番近くて安心する味。ちょっと焦がしている感じ。ソースは甘さ控えめ。１位。

南雲♀ 90点

トマトのやさしい甘さ。タマネギが大きめに切れているので、タマネギの甘さを強く感じる。麺は太めで柔らかい。全体的なバランスがいいですね。

コンビニナポリタン勝手にランキング

順位 総合得点	商品名等	ビジュアル	マグロ♂	杉山♂	菅生♀	南雲♀
1位 **344**点	デイリーヤマザキ **YBS ナポリタン** 369円(税別)548kcal		**70**点	**90**点	**94**点	**90**点
2位 **342**点	セブン-イレブン **大盛り！ ナポリタン** 462円(税別)667kcal		**90**点	**82**点	**82**点	**88**点
3位 **317**点	ローソン **大盛！ よくばり ナポリタン** 461円(税別)851kcal		**75**点	**85**点	**75**点	**82**点
4位 **313**点	ミニストップ **完熟トマトの ナポリタン** 368円(税別)453kcal		**77**点	**81**点	**90**点	**65**点
4位 **313**点	セブン-イレブン **チーズ焼き ナポリタン** 334円(税別)467kcal		**78**点	**75**点	**87**点	**73**点
6位 **310**点	セイコーマート **ナポリタン スパゲティ** 110円(税別)312kcal		**85**点	**70**点	**80**点	**75**点
7位 **293**点	ローソン **ナポリタン** 369円(税別)624kcal		**68**点	**73**点	**85**点	**67**点
8位 **279**点	ファミリーマート **ジューシー ナポリタン** 369円(税別)592kcal		**72**点	**77**点	**60**点	**70**点

あとがき

けっこう長いことこの本にかかわってきたが、やっと、あとがきまでたどり着いた。「1日1ナポ」のナポ行脚もいよいよゴールが見えてきたわけだ。まえがきにも書いたが、ナポリタンというのは、わざわざ電車に乗って遠くまで出かけて食べるものではなく、自分の家の近所とか職場の近くにあるもののような気がする。

そういう意味で、今回の極私的ランキングで1位をつけた僕の中での究極のナポリタンは、自宅から歩いて8分の場所にあるお店だった。そう、究極のナポリタンは意外にも、自分のごく身近に潜んでいるのかもしれない。読者の皆さんもぜひ、ご自分の究極のナポリタンを探してみてください。

本書を書くために多くの方々にアドバイスをいただいたが、とくに作家の恩蔵茂さん、鈴木佳行さん、編集者の小竿洋二郎さんには感謝したい。

担当編集の杉山茂勲君は、僕の原稿を読んだ後、本当においしいのかどうか登場する店を日々回って精力的にナポリタンを食べてくれたが、毎日食べても全然飽きないと言う。そう、ナポリタンってけっこう飽きないよね。あっ、いや、喫茶店系の同じような味のナポリタンが続いたときはちょっと飽きかけたかな。でも、洋食屋系やロメスパ系はどこも個性的で、日々新しい発見があって再びナポ行脚にも力が入ったなぁ。

この本の執筆を頼まれたときには、ナポリタンというテーマだけで一冊書けるだろうかと疑問だったが、杉山君のサポートもあり、出版にこぎつけることができた。また、コンビニのナポリタン食べ比べなどでお世話になった駒草出版の菅生さんと南雲さん、そして営業部の皆さんにもこの場を借りて感謝を申し上げたい。

最後になってしまったが、ここまで読んでくださった読者の皆さん、ナポリタンを提供してくれたお店にもおおいに感謝いたします。

２０１９年11月　下関マグロ

な

は

ま

や

ら

店名索引

（注）●は2019年11月現在、閉店しているお店です。

[著者]
下関マグロ Maguro Shimonoseki
1958年、山口県下関市生まれ。桃山学院大学卒業後、出版社勤務を経てフリーライターに。WEBサイト『メシ通』にて「料理人のまかないメシ」などを連載中。町中華探検隊副隊長としてCSテレ朝チャンネル『ぶらぶら町中華』にレギュラー出演中。北尾トロ、竜超と共著で『町中華とはなんだ 昭和の味を食べに行こう』(角川文庫)。WEBサイト『All About』では、本名の増田剛己で散歩ガイドを務めている。

ぶらナポ 究極のナポリタンを求めて

2019年12月15日 第1刷発行

著 者 下関マグロ
発行者 井上弘治
発行所 **駒草出版** 株式会社ダンク出版事業部
〒110-0016 東京都台東区台東1-7-1 邦洋秋葉原ビル2階
https://www.komakusa-pub.jp
電話 03-3834-9087
印刷・製本 シナノ印刷株式会社

カバー＆本文デザイン・DTP オフィスアント
カバー＆本文撮影 下関マグロ、編集部
編集 杉山茂勲(駒草出版)

ISBN 978-4-909646-26-2